Aquellos tiempos con Gabo

Plinio Apuleyo Mendoza

AQUELLOS TIEMPOS
CON GABO

PLAZA & JANÉS EDITORES, S.A.

Primera edición en U.S.A.: febrero, 2000

© 1998, Plinio Apuleyo Mendoza
© de la presente edición: 2000, Plaza & Janés Editores, S. A.
   Travessera de Gràcia, 47-49. 08021 Barcelona

Printed in Spain – Impreso en España

ISBN: 0-553-06112-7

Distributed by B.D.D.

1

¿Dónde nos conocimos? En un café, hace muchísimo tiempo, cuando Bogotá era todavía una ciudad de mañanas heladas, de tranvías lentos, de campanas profundas,

de carrozas funerarias tiradas por caballos percherones y conducidas por cocheros de librea y sombreros de copa.

Él debía de tener unos veinte años y yo dieciséis.

Fue un encuentro rápido y accidental que no dejaba prever amistad alguna entre dos tipos tan distintos: un muchacho tímido, de lentes, criado por tías vestidas siempre de negro, en casas siempre glaciales, bajo cielos que a toda hora contenían una amenaza de lluvia,

y un costeño que había crecido, vivido y pecado en el aire ardiente de las ciénagas y de las plantaciones de banano, a más de treinta grados a la sombra, oyendo el clamor de las chicharras en los duros mediodías, los grillos insomnes de la noche.

Aquel café, como todos los de entonces en Bogotá, es un antro sombrío, envenenado por olores rancios y el humo de cigarrillos, lleno de estudiantes y empleados que pasan horas sentados a la misma mesa.

Estoy con un amigo, Luis Villar Borda, estudiante de primer año de Derecho, cuando alguien lo saluda estrepitosamente desde lejos.

—Ajá, doctor Villar Borda, ¿cómo está usted?

Y en seguida, abriéndose paso entre las mesas atestadas, vibrando sobre el funerario enjambre de trajes y sombreros oscuros, nos sorprende el relámpago de un traje tropical, color crema, ancho de hombros y ajustado en las caderas, traje increíble que habría requerido un fondo de palmeras y quizás un par de maracas en las manos de quien lo lleva con tanto desenfado,

un muchacho flaco, alegre, rápido como un pelotero de béisbol o un cantante de rumbas.

Sin pedirle permiso a nadie, el recién llegado toma asiento en nuestra mesa. Su aspecto es descuidado. Tiene una camisa de cuello mugriento, una tez palúdica, un bigote inspirado y lineal. El traje de cantante de rumbas parece flotarle sobre los huesos.

Costeño, pienso. Uno de los tantos estudiantes que vienen de la costa caribe, cuya vida discurre en pensiones, cantinas y casas de empeño.

Villar me presenta.

Lanzando las palabras con un ímpetu vigoroso, como si fueran pelotas de béisbol, el tipo me sorprende con un inesperado:

—Ajá, doctor Mendoza, ¿cómo van esas prosas líricas?

Yo me siento enrojecer hasta la raíz del pelo. Las prosas líricas de que habla, escritas sigilosamente como se escriben los sonetos de amor del bachillerato, han sido publicadas con reprobable ligereza por mi padre en *Sábado*, un semanario de amplia circulación que él dirige. Inspiradas por temas tales como la melancolía de los atardeceres en la sabana de Bogotá, prefiero ahora creer que han pasado inadvertidas para todo el mundo.

Pero el costeño aquel parece haberlas leído.

No sé qué contestarle. Por fortuna, la atención del otro se ha desviado repentinamente hacia la camarera, una muchacha desgreñada y con los labios intensamente pintados de rojo, que acaba de aproximarse a la mesa preguntándole qué desea tomar.

El costeño la envuelve en una mirada húmeda, lenta y procaz, una mirada que va tomando nota del busto y las caderas.

—Tráeme un tinto —dice, sin quitarle los ojos de encima.

Luego, sorpresivamente, bajando la voz hasta convertirla en un susurro cómplice, apremiante:

—¿Esta noche?

La muchacha, que está recogiendo botellas y vasos en nuestra mesa, hace un gesto de fastidio.

—¿Te aguardo esta noche? —insiste el otro, siempre con voz de susurro, a tiempo que su mano, al descuido, suave como una paloma, se posa en el trasero de ella.

—Suelte —protesta la mujer, esquivándolo malhumorada.

El recién llegado la ve alejarse con una mirada lánguida, salpicada de malos pensamientos, apreciando sus pantorrillas y el balanceo de las caderas. Inquietas cavilaciones le nublan la frente cuando se vuelve hacia nosotros.

—Debe de tener la regla —suspira al fin.

Mi amigo lo examina con agudas pupilas llenas de risa. Bogotano, la forma de ser de los costeños lo divierte sobremanera.

Yo, en cambio, empiezo a ver al tipo con una especie de horror. He oído decir que los costeños atrapan enfermedades venéreas como uno atrapa un resfrío y que en su tierra hacen el amor con las burras

(y en caso de apuro, con las gallinas).

Por mi parte, soy un puritano de dieciséis años, con una libido profundamente sofocada que me hace propenso a amores tristes, sin esperanza, por mujeres tales como Ingrid Bergman, Vivien Leigh o Maureen O'Hara, que veo reír, temblar, besar a otros hombres en las pantallas de cine

Metro, los domingos en la tarde. Jamás se me ha ocurrido poner mi mano en el trasero de una camarera.

Cuando el costeño desaparece tan inesperada, rápida y alegremente como ha venido, sin pagar su café, Villar me explica quién es.

—*El Espectador* ha publicado un par de cuentos. Se llama García Márquez pero en la universidad le dicen Gabito. Todo un caso. Masoquista.

Yo no he oído bien.

—¿Comunista?

—No, hombre, masoquista.

—¿Qué es esa vaina?

—Masoquista, un hombre que se complace sufriendo.

—Pues a mí me pareció un tipo más bien alegrón.

—Es un masoquista típico. Un día aparece por la universidad diciendo que tiene sífilis. Otro día habla de una tuberculosis. Se emborracha, no presenta exámenes, amanece en los burdeles.

Villar se queda contemplando taciturno el humo del cigarrillo que acaba de encender. Su tono es el de un médico que da un diagnóstico severo, irremediable.

—Lástima, tiene talento. Pero es un caso absolutamente perdido.

Muchos años después,

siendo amigo irrevocable del caso perdido, habría de conocer las circunstancias duras de su vida de estudiante y de su llegada a Bogotá.

Puedo imaginar al muchacho asustado que años antes de nuestro primer encuentro se bajó del tren, verde de frío y envuelto en lanas prudentes, llevando en la cabeza las impresiones de aquel primer y largo viaje suyo a la capital:

el zumbido del viejo barco de rueda que lo trajo río arriba desde la costa; la fulgurante reverberación de las aguas del Magdalena extendiéndose hacia las tórridas riberas donde a veces se escuchan algarabías de micos; el tren que ha subido resoplando con fatiga por el flanco de una cordillera de brumas para depositarlo de pronto

en el crepúsculo de una ciudad yerta,

con tranvías llenos de hombres vestidos como para un funeral, con luces amarillas que van encendiéndose en las calles mientras en los viejos conventos coloniales suenan las campanas llamando a rosario.

Llevado por su tutor en un taxi, el caso perdido, niño aún, se echó a llorar. Nunca había visto nada tan lúgubre.

Puedo imaginar el pueblo aquel adonde fue conducido luego, Zipaquirá, y el liceo, una especie de convento, el olor sepulcral de los claustros, las campanas dando la hora en el aire lúgubre de las tierras altas;

los domingos en que, incapaz de afrontar la tristeza del pueblo, tan distante de su mundo luminoso del Caribe, se quedaba solo en la biblioteca leyéndose novelas de Salgari o Julio Verne.

Puedo imaginar también sus tardes de domingo en Bogotá, años después, cuando, estudiante de Derecho y viviendo en una pensión de la antigua calle Florián, leía libro tras libro sentado en un tranvía que recorría la ciudad de sur a norte,

luego de norte a sur.

Mientras el tranvía aquel avanzaba lento en la soleada tarde de domingo, por calles que las multitudes aglomeradas en el estadio de fútbol o en la plaza de toros habían dejado vacías, el caso perdido (me lo contaría muchas veces), con sus dieciocho años maltratados por ansiedades y frustraciones ardientes, tenía la impresión de ser el único en aquella ciudad

sin mujer con quien acostarse,

el único sin dinero para ir al cine o a los toros,

el único que no podía beberse una cerveza, el único sin amigos ni familia.

Para defenderse de aquel mundo de hombres sombríos del altiplano andino, de «cachacos» de modales almidonados, que lo miraban con risueño desdén, el caso perdido afirmaba su desenvoltura de costeño. Entraba en los cafés, saludaba con voz fuerte, se sentaba en una mesa sin pedirle permiso a nadie, y si podía, intentaba concertar una cita nocturna

con la camarera.

Sin embargo, en el fondo, era un tímido; un solitario, que prefería Kafka a los tratados de Derecho y que escribía cuentos sigilosos en su cuarto de pensión, cuentos que hablaban de su pueblo bananero, de alcaravanes de madrugada y de trenes amarillos.

En suma, el costeño aquel con traje de cantante de rumbas y zapatos color guayaba era un hermano. Pero yo no podía adivinarlo entonces.

Volví a verlo años más tarde, fotografiado en un periódico colombiano con motivo de la aparición de *La hojarasca*, su primera novela.

Había abandonado, al parecer, los trajes tropicales. Ahora vestía de negro, de un negro férreo y modesto, usaba una corbata de nudo ancho y triangular, y al cruzar la pierna, como lo hacía en la foto, dejaba ver un par de calcetines breves.

Tenía la meritoria corrección de un empleado de banco, de un secretario de juzgado o del reportero que era entonces.

(Uno adivinaba en la foto la caspa, los dedos manchados de nicotina, el barato paquete de cigarrillos negros al lado de la máquina de escribir.)

Su aspecto y el título del libro me hicieron pensar en un primer momento en uno de esos malos novelistas llegados de la costa caribe, que escribían entonces libros llenos de mulatas, de botellas de ron, de malas palabras, con diálogos imposibles, tal era el colorido empeño que mostraban en transcribir las palabras como las pronunciaban los protagonistas.

La hojarasca me fue enviada por un amigo a París, donde yo estudiaba. «Naturalmente —decía él—, con las exageraciones propias del país, aquí están hablando de un Proust colombiano.»

«No, no es un pichón de Proust —pensé después de leer el libro—. Es un pichón de Faulkner.»

Muy poco después de haber leído *La hojarasca*, su autor apareció en París.

Nos encontramos en un café del barrio latino. Era una brumosa tarde de invierno, a fines de 1955, y la impresión que me produjo no fue buena.

No se parecía ya al muchacho vivo y ligero que había conocido años atrás. Ahora se daba importancia. Enfundado en un abrigo color camello con tirabuzones de cuero, bebiéndose una cerveza que le dejaba huellas de espuma en el bigote, tenía un aire de distante superioridad.

Su mirada se fijaba en el vaso o en el humo del cigarrillo, ajena por completo a los estudiantes colombianos sentados a su alrededor.

Hablaba con desgano de su viaje a Ginebra, como corresponsal del diario *El Espectador*, y de la conferencia en la cumbre que allí había tenido lugar entre americanos y soviéticos. Nada de aquello nos impresionaba mucho. Pero él parecía más orgulloso de esa misión que del éxito de su primera novela.

Yo estaba con dos amigos que habían leído también *La hojarasca*. Aficionados ambos a la literatura, querían hablar del libro con su autor.

Uno de ellos, hombre profundamente distraído, resultó hablando del libro abruptamente, sin que el tema viniese a cuento. *La hojarasca*, dijo, retirando una pipa de sus labios, había sido excesivamente influida por Faulkner. La técnica de los monólogos alternativos era la misma de *Mientras agonizo*.

Por mi parte observé simplemente que había un capítulo de más en el libro.

Sentí que la mirada de García Márquez se volvía hacia mí sorprendida.

—¿Cuál? —preguntó.

—El de los tres muchachos que van al río.

Lo vi parpadear. ¿Estaba de acuerdo conmigo? Me pareció que sí: el capítulo en cuestión era un injerto diestramente adherido al monólogo de un personaje.

Que alguien haya visto las puntadas de sutura de aquel injerto literario lo ponía por primera vez en guardia.

—Nadie me ha dicho esto en Colombia —dijo al fin.

No era un reproche, sino un reconocimiento.

Desde entonces, creo, estaba yo destinado a ser uno de los primeros lectores de sus manuscritos.

Era noche de navidad, recuerdo. La navidad de 1955.

García Márquez estaba recién llegado a París; estaba solo; estaba perdido en aquel París lleno de bruma, de frío, de luces. Así que, pese a su mal humor, lo llevamos aquella noche a casa de un arquitecto colombiano amigo nuestro, Hernán Vieco, y de Juana, su mujer, en la rue Guenegaud.

Exactamente en el número 17 de la rue Guenegaud.

Es un lugar al cual quedó asociada para siempre nuestra vida de estudiantes en París.

Hoy,
   tantos años después,
   algo me sucede cuando paso por allí, por la estrecha calle
de galerías y almacenes que venden tótems y collares africa-
nos y me detengo ante el número 17.

   Basta empujar la pesada puerta que gime al abrirse sobre
un vestíbulo húmedo y oscuro donde siempre hay un coche
de niños abandonado;
   basta sentir el olor aquel, intenso y rancio, olor a desván,
a cripta, a recinto cerrado, que uno respira mientras sube
por una escalera de peldaños crujientes y decrépitos pasa-
manos de hierro para recobrar temblando, con una emoción
absurda que apresura los latidos del corazón y trastorna
como vino bebido de prisa, el recuerdo de aquellos años
   cuando París, también para nosotros, era una fiesta.

   Si una hada pudiese devolvernos todo lo de entonces,
tendríamos de nuevo la estufa de hierro ronroneando apaci-
blemente en un rincón de la pieza y despidiendo un calor
que nos saca de los huesos el frío y la humedad de las calles.

   Tendríamos de nuevo los estantes de libros hechos con
ladrillos y tablas, lámparas que siembran aquí y allá luces ín-
timas, iluminando de pronto una viga, un afiche de Léger;
la ventana que mira hacia la ciudad quieta y brumosa en las
noches de invierno (buhardillas, tejados, una cúpula iluminada, un haz de luz subiendo hacia el cielo),
   y Hernán —chaqueta de pana, dos cejas espesas sobre
los ojos amarillos, fosforescentes de risa—, que se levanta
para recibirnos, qué tal, hombre.

   Juana, entonces su esposa, volvería a ser la adorable muchacha norteamericana que fue, de pelo corto, nariz delica-
da y unos ojos como de porcelana azul, incapaces de admitir
una mentira.

   Juana Teresa, la hija de los dos, enfermera hoy en algún
lugar de la Florida, volvería a su cuna de bebé (una caja de

madera de esas que sirven para transportar manzanas), y habría gran riesgo de que en un momento de la noche

se despertara asombrada viendo tanta gente, gente joven en todos los rincones de la pieza, riendo y hablando.

Si el hada pudiese hacer el milagro, tendríamos sobre la mesa, servido en un gran plato de madera, el pernil de cerdo con dientes de ajo que ha estado horneando largo tiempo, una ensalada de endibias, pan caliente y crujiente y una botella de oscuro vino de Burdeos.

Habría también los quesos en su punto comprados en la rue de Buci y las uvas y las peras muy dulces recogidas aquel otoño en los valles del Loira y el Rin, y luego, con los cigarrillos y el coñac, pasando de mano en mano,

una guitarra.

Escucharíamos otra vez tristes canciones de sierras y arrieros de Atahualpa Yupanqui, cantadas por un amigo, y más tarde, en la dormida madrugada que ahí afuera, contrastando con la atmósfera tibia y llena de humo del cuarto, no es sino frío, niebla, tejados y silencio,

las canciones vallenatas de Rafael Escalona, cantadas por quien ya entonces habrá dejado de ser García Márquez, el reportero lleno de humos recién llegado a París, para convertirse en Gabo, el Gabo pobre y fraternal

de aquellos tiempos.

¿Cuándo se produjo el milagro? No fue todavía aquella noche de navidad, en casa de los Vieco, sino tres días después, cuando cayó en París la primera nevada del invierno.

Aquella noche de navidad García Márquez siguió siendo por largo tiempo el glorioso reportero enviado a Ginebra para cubrir la conferencia en la cumbre.

—¿Por qué trajiste a ese tipo tan horrible? —me preguntó Juana en voz baja cuando nos disponíamos a salir.

Juana tenía un peligroso rigor para juzgar a la gente.

—¿Te parece horrible realmente?

—Se da importancia —dijo ella. Por sus ojos pasó una expresión de disgusto—. Además, apaga los cigarrillos con la suela del zapato.

Tres días después, la nieve borraría para siempre aquellas impresiones.

La primera nieve del invierno.

Seguramente empezó a caer mientras comíamos en un restaurante próximo a la plazuela de Luxemburgo. Pero no la vimos en aquel momento. No la vimos por la ventana sino en la puerta, al salir, y era deslumbrante y sigilosa, cayendo en copos espesos que brillaban a la luz de los faroles y cubría de blanco los árboles, los automóviles y el bulevar. El aire de la noche era limpio y glacial,

olía de pronto a pinos de montaña.

Lavada de humores, rumores y colores, la ciudad se envolvía suave y lujosamente en aquella nieve como una bella mujer en una estola de armiño.

García Márquez quedó de pronto extático, fascinado por aquel espectáculo de sueño.

Nunca había visto la nieve.

Para un muchacho nacido en un pueblo de la zona bananera, en Colombia, donde el calor zumba como un insecto y cualquier objeto metálico dejado al sol quema como una brasa, la nieve, vista tan sólo en los grabados de los cuentos de Grimm, pertenecía al mundo de las hadas, de los duendes, de los gnomos, de los castillos de azúcar en el bosque.

Y he aquí por qué el glorioso reportero, el prometedor novelista recién llegado, viendo la nieve, la nieve cayendo, brillando, cubriéndolo todo de blanco, tocándole el bigote y el pelo, besándole suavemente la cara como una hada dulce y traviesa, se estremeció como una hoja.

Le tembló un músculo en la cara.

—Mierda —exclamó.

Y echó a correr.

Corría y saltaba de un lado a otro por el andén, bajo la nieve, levantando los brazos como los jugadores de un equipo de fútbol cuando acaban de anotar un gol.

Volvía de pronto a ser el muchacho alegre y rápido que había visto años atrás,

el pelotero de béisbol,

el cantante de rumbas,

el costeño desenfadado

Gabo y no García Márquez.

Todo lo que Bogotá, la antigua ciudad virreinal, había querido poner encima de su personalidad (la compostura, la distancia, la importancia insufrible), se lo llevaba la nieve.

El más prometedor de nuestros jóvenes autores, heredero de Proust, de Kafka, de Joyce y de William Faulkner, con un profundo anclaje en la angustia contemporánea según decían o escribían nuestros críticos; el hombre que ellos, «cachacos» llenos de retórica, veían buscando una dimensión cósmica de la soledad y planteándose los profundos interrogantes de la condición humana,

corría y brincaba como un mono por el bulevar Saint-Michel.

Menos mal que es loco, pensé con alivio.

Desde aquel preciso instante somos amigos.

Muchas cosas nos han ocurrido desde entonces. Hemos visto nacer y morir sueños. Hemos visto pasar y desaparecer amigos. Nos han salido canas. Hemos vivido en muchas partes. Nos hemos casado, hemos tenido hijos y nietos. Él se ha vuelto rico y célebre. Yo me he vuelto pobre. Juntos, hemos recorrido muchas partes del mundo. Hemos perseguido jóvenes alemanas por las calles sombrías de Leipzig.

Hemos atravesado toda Europa en tren, de pie, en un vagón atestado, muertos de hambre y fatiga. Hemos viajado por la Unión Soviética como falsos integrantes de un grupo de danzas folclóricas. Hemos vivido en Caracas tormentosas jornadas de reporteros cuando cayó el dictador Pérez Jiménez. Hemos pasado toda una noche a los pies de un hombre que en la madrugada sería sentenciado a muerte, en La Habana. Hemos trabajado juntos en Bogotá como representantes de una agencia de noticias. Hemos bebido tequila oyendo a los mariachis de la plaza Garibaldi, en México. Hemos pasado todo un verano en la isla de Pantelería, con sus dos hijos, que son mis ahijados, y Mercedes, su mujer, que es mi comadre, bebiendo áspero vino siciliano y oyendo música de Brahms frente a un mar con siete tonos de azul. Hemos recorrido muchas veces las calles del barrio gótico, en Barcelona, hablando y hablando, y discutiendo acerca de todo, y siempre he sido uno de los primeros en leer sus manuscritos, y en este terreno sagrado que es la literatura, donde no cabe la mentira, siempre le he dicho la verdad como él también, sin contemplaciones, me ha dicho la suya.

Todo ello desde aquella noche, cuando vio la nieve por primera vez y sin importarle ser tomado por un loco

se puso a saltar.

A saltar y a correr.

2

Siempre que llegaba a París me llamaba de inmediato por teléfono.

—Compadre —estallaba su voz—, ¿por qué no se viene a almorzar conmigo?

Era propietario de un apartamento claro y tranquilo en pleno corazón de Montparnasse. Dentro todo estaba vestido de colores claros, todo aparecía dispuesto con orden y gusto: sillones ingleses de cuero, grabados de Wifredo Lam, un magnífico estéreo y siempre, siempre en la biblioteca un florero de cristal con rosas amarillas recién cortadas.

«Traen suerte, compadre.»

Como a los buenos vinos y a los olmos, a Gabo le han convenido los años. Hebras grises le florecen en el pelo y en el bigote, confirmando una madurez que está ya en sus novelas y en su carácter. La mirada, tranquila ya, no parece aguardar ninguna mala baraja del destino, ni las incertidumbres que mordían los tobillos de sus antiguos tiempos. El tórax llena mejor las ropas, costosas pero informales, que ahora usa.

Todo en él parece ya a salvo de imprevistos, escrito en tablas inmutables.

Inclusive en su casa zodiacal las cosas han cambiado. Domina en ella la tierra y no el agua. Tauro, el realista, se impone sobre Piscis, el fino, incierto, huidizo signo de sus fantasmas y de aquellas premoniciones repentinas que en otras épocas lo dejaban temblando.

Un tauro *bon vivant*, interesado por cosas que antes dejaba pasar de largo, cosas tangibles, texturas y esencias de la vida antiguamente sacrificadas al oficio de escribir.

Ahora parece apreciar mejor que antes la música, los buenos cuadros, las mujeres bonitas, los buenos hoteles, las camisas de seda, los vinos, los caracoles al ajillo, el caviar (sí, el caviar)

y toda la infinita y pecaminosa gama de los quesos.

Sus nuevas relaciones se cosechan en el huerto de las celebridades: hombres públicos, directores de cine, artistas, o simplemente hombres ricos que se ofrecen el lujo de un amigo célebre

como podrían pagarse un abrigo de astracán.

Pero él no pierde de vista a sus viejos amigos, antiguos compañeros de ruta que compartieron con él los baratos vinos de la pobreza. Siempre aparta tiempo para verlos antes que a nadie.

Ahora es él quien paga las cuentas.

«¿Champaña?», pregunta, y no lo hace por ostentación. Simplemente tiene una satánica debilidad por la Viuda Cliquot.

(No, no por la Viuda —replicará—. Sino por el Dom Pérignon.)

«Yo soy de Tunja —me disculpo recordando la remota ciudad andina, de vientos helados, donde nací—. A los de Tunja la champaña nos produce dolor de cabeza.»

Si quisiera encontrarlo de nuevo, volver con él a los viejos tiempos, tendría que olvidarme de la Viuda Cliquot, de los autógrafos solicitados en plena calle, de las llamadas de teléfono a Boston o a México, de los resplandores del Premio Nobel,

para encontrar el frío y la luz de ceniza de un día cualquiera de aquel invierno de 1956 en París.

Allí estamos ahora. El reloj de la Sorbona larga una campanada que vibra en la calle glacial, mientras paso de mi modesto hotel de estudiante al suyo, que está en la acera de enfrente, en la rue Cujas. Es la una de la tarde.

Subo al séptimo piso por la escalera. Con las persianas todavía cerradas, su cuarto apesta al olor de todos los cigarrillos fumados aquella noche mientras escribía.

Sobre la mesa, una máquina de escribir portátil de color rojo que yo compré en la plaza de Bolívar de Caracas, un año atrás. Se la he vendido por cuarenta dólares.

Papeles, cuartillas atiborradas, un cenicero lleno de colillas. La luz de una lámpara brilla sobre la mesa de noche. Acostado en la cama, en franela, Gabo intenta hablar por teléfono con la dueña del hotel.

—Una *diuche* —repite—. Una *diuche*, madame.

Ella no parece entenderle.

—Estás pidiéndole un Mussolini. Es lo único que conocen con ese nombre.

Él suelta la risa.

Miro el libro que tiene sobre la mesa: *El oro de Nápoles*.

—Los cuentos de Marotta son cojonudos —dice Gabo.

—¿Terminaste el capítulo?

—Sí, con la muerte del músico. Está en el patio de su casa tocando el clarinete cuando aparece Gerardo Montiel, que acaba de leer el pasquín pegado en la pared de su casa. Lo mata disparando su escopeta de dos cañones, de esas que sirven para matar tigres.

La novela de los pasquines. La misma que años más tarde se llamará *La mala hora*. Empezó a escribirla hace algunas noches, pero hace dos meses que me habla de ella.

Me acerco a la pared, para contemplar la fotografía de

su novia, que ha clavado allí con una tachuela: una bonita muchacha de largos cabellos negros y ojos rasgados y tranquilos.

—El cocodrilo sagrado —dice.

La novia vive en Barranquilla.

—Gabo, toma tu *diucha* y vamos a almorzar.

—Nunca se sabe cómo es la vaina en invierno —dice levantándose de la cama—. Apenas se levanta uno, ya está anocheciendo.

—¿Hasta qué horas escribiste?

—Fíjate que no sé. Cuando terminé el capítulo, oí en la calle los camiones de la basura.

—Caramba, quedaste transparente. Perdiste por lo menos un kilo.

Acaba de regresar del piso donde se toman las duchas, vestido con un pantalón y un pulóver de lana muy viejo. La ducha parece haberlo dejado pálido, un poco tembloroso. Se echa encima su abrigo color camello, un Montgomery, que se cierra con tirabuzones de cuero.

El frío de la calle se podría cortar con cuchillo.

—¿Vamos al Acropole o al Capulade?

—Al Acropole. En el Capulade nos toca hacer cola detrás de trescientos ciudadanos del Senegal o de la Costa de Marfil. Ávidos. Pacientes.

—Y la comida es de plástico, como en los aviones.

—Qué bajo hemos caído, Gabo. Con este frío la ropa que uno lleva encima parece de papel.

—Fíjate, es el único problema serio que tengo con la novela. No consigo que haga calor.

—En *La hojarasca* el calor zumba en cada página.

—Claro, la escribí en Barranquilla. De noche, oyendo las rotativas del periódico.

—Mira, allá va el negro Nicolás. Está verde de frío. ¿Lo conoces?

—¿Al poeta Guillén? Hombre, claro que sí.

—Vive en el mismo hotel mío. Si quieres, después del almuerzo le hacemos una visita. A ver qué nos cuenta de Cuba.

Ahí vamos bajando por el bulevar Saint-Michel, rumbo al restaurante griego de la rue de l'École de Medicine. Una mañana de enero, hace tantos, tantísimos años.

Aquellos tiempos. El pregón largo y condolido de un vendedor de alcachofas subiendo en el aire gris y glacial desde la calle de la Sorbona.

Los vallenatos de Escalona, las canciones de Brassens, el ocio impune de las tardes y siempre, siempre en aquellos tiempos, el olor a moho y a coliflores, olor de París, del París de los pobres, a lo largo de desvencijadas escaleras que suben a buhardillas llenas de humo;

cafés de madrugada con espejos y luces de neón, y la última cerveza que se bebe a la hora del cierre, con camareros soñolientos colocando una silla sobre otra, mientras continuamos hablando de temas tan diversos como Kafka, Barranquilla, Virginia Woolf

o del dictador colombiano Rojas Pinilla.

En el verano, la vida es una sola fiesta. Regresamos a nuestra rue Cujas en la primera luz de la madrugada que se abre sobre los tejados, azul, entre arrullos de palomas y un olor tibio a melones maduros y a flores de castaño. En el aire ya hay como un presentimiento del calor que hará aquel día.

Regresamos a nuestros respectivos hoteles, quizás frustrados porque la muchacha que el uno o el otro tenía a su lado, embellecida por el humo y el vino de la noche, de talones finos y de senos breves y firmes insinuados bajo la blusa, la muchacha que nos ha hablado de su vida, sus depresiones, sus tíos de la Dordoña

se ha evaporado, Cenicienta del amanecer
con un cortante «*il faut que je rentre chez moi*».

Tardes enteras en la terraza de un café, y *Le Monde* que
siempre trae malas noticias de América Latina. El café que
nos tomamos en el cuarto del poeta Guillén.

—¿Cómo andan las cosas por Cuba?

—No hay nada —dice el poeta desalentado, bebiendo su
taza de café negro. Y de pronto—: Bueno, hay una luz muy
pequeña: ha surgido un muchacho abogado, medio loco, un
tal Fidel Castro.

Aquellos tiempos.

No fueron duros para mí, pero sí para él. Cuando el periódico del cual era corresponsal, *El Espectador*, fue clausurado
por el General Rojas Pinilla, Gabo se quedó sin dinero. Se le
agujereó el pulóver en los codos, las suelas de los zapatos
dejaron pasar el agua de las calles y en la cara, su feroz cara
de árabe, los
        pómulos se le marcaron, rotundos.

Debía un año de alquiler en el hotel de Flandre cuando,
luego de pasar unos meses en Venezuela, volví a verlo.

Había tenido una relación intensa y tormentosa con una
joven española que intentaba abrirse paso en el teatro. Gabo
comía poco, fumaba mucho y todo lo que había vivido
aquel año, penurias e incertidumbres, había sido soberbia-
mente traspuesto en una novela corta, dura y perfecta, que
se había desgajado de la novela de los pasquines.

El coronel no tiene quien le escriba.

Había aprendido con asombrosa rapidez el francés,
comprendía todos los juegos de palabras de las canciones de
Brassens y tenía una docena de amigos franceses, leales y
bohemios, que vivían de cualquier modo y se reunían los
viernes en una buhardilla de la rue Cherubini

apodada el *grenier*.

Aquel año hicimos dos viajes, uno a Alemania Oriental y otro a la URSS,

y perdimos nuestra inocencia
respecto del mundo socialista.

Los latinoamericanos de nuestra generación tuvieron de jóvenes una versión seráfica del socialismo, que la realidad se ha encargado de corregir severamente.

Las desesperadas circunstancias políticas de América Latina, sus generales en el poder, presos y exiliados en todas partes,

avivaban nuestras simpatías por el mundo socialista, que conocíamos sólo de manera subliminal a través de toda la mitología revolucionaria heredada de los tiempos heroicos de la revolución de octubre, de la lucha de Sandino, de la guerra civil española, de los viejos corridos de la revolución mexicana

y de nuestras propias guerrillas liberales, en Colombia.

Todo ello que a lo largo de años nos había hecho vibrar,

creaba en nosotros una disposición muy favorable hacia los países donde se había realizado lo que ya en mayúsculas reverentes llamábamos la revolución socialista.

Necesitábamos ver lo que había en aquel lado del mundo,

y una mañana, absurdamente, nos fuimos a verlo, Gabo, mi hermana Soledad y yo, en un diminuto Renault 4 de entonces, una cucaracha de hojalata en la que apenas cabíamos.

En una serie de reportajes,

García Márquez ha escrito sus impresiones sobre aquel viaje tras la llamada entonces cortina de hierro, viaje en el que aparece acompañado por un periodista llamado Franco y una diseñadora indochina.

Yo soy Franco y la llamada diseñadora indochina es mi hermana Soledad.

Hoy, tantos años después, de aquel viaje sólo recuerdo lo esencial, lo que más allá de la anécdota ha quedado flotando en el agua de la memoria: una gran decepción, una decepción similar a la que tuve de niño cuando supe que los juguetes de navidad no los traía el Niño Jesús,

sino mis tías.

Veo una autopista.

Toda la noche hemos rodado por una autopista de Alemania Oriental sin encontrar en medio de oscuros bosques de abetos ninguna señal de vida, ninguna luz huérfana en medio de las tinieblas,

ningún restaurante, ni estación de gasolina, salvo, de trecho en trecho, camiones militares con faros amarillos relumbrando en la lluvia. Siniestros, fantasmales, aquellos camiones rusos color de rata, con una estrella roja en la portezuela, dan la impresión de rodar solos, sin conductor,

María Celestes de muchas ruedas avanzando en una vasta tiniebla de abetos.

Cansado de manejar, he detenido el auto a orillas de la autopista. Muertos de frío, de sueño, de hambre, nos quedamos dormidos. Cuando despierto, está amaneciendo en la carretera. Mi hermana duerme aún en el asiento de al lado. Detrás, cubierto con una chaqueta roja, todo encogido, Gabo duerme también.

Salgo a dar unos pasos para estirar las piernas. El aire huele a bosque húmedo. Desierta aún, la carretera se extiende hacia un horizonte de acero gris y glacial. Si no fuese por el trino de algún pájaro, uno diría que se encuentra en un planeta deshabitado.

De pronto, oigo pasos a mi espalda. Es Gabo. Trae una cara soñolienta y preocupada.

—Oiga, maestro, hay que averiguar cómo es esta vaina.

—¿Qué vaina?

—El socialismo.

—¿Qué pasa con el socialismo?

—Soñé que no funcionaba.

Si es una premonición (y siempre he creído en sus premoniciones) ella empieza a confirmarse media hora después, en el restaurante de una población vecina a la autopista donde entramos a desayunar.

¡Qué lugar tan triste! No sólo por el olor, un olor a ropas húmedas, a agua de fregadero; no sólo por los vidrios rotos de las ventanas que dejan pasar latigazos de frío, ni por la dureza del local, con su piso salpicado de barro y aserrín bajo una vencida luz de neón, sino ante todo por la gente: tristes obreros de ropas gastadas que van sentándose a las mesas, mesas de refectorio escolar,

sin hablarse entre sí,

torvos,

como abrumados por una tristeza inmemorial.

En dormitorios públicos, en bares y cantinas, Gabo se ha codeado con el mundo proletario de Barranquilla. Yo he frecuentado los restaurantes obreros de París. Los obreros, en París, no son ningunos potentados: viven mal, en suburbios de humo, de agua, de ventanas tristes. Sin duda, su condición es dura. Pero su actitud es otra.

Bromean, beben vino, se lanzan el pan de una mesa a otra. En Barranquilla o en Billancourt, la vida es dura para el proletario. Pero los obreros que la soportan tienen, débil o no, una esperanza de cambio, un sentimiento de solidaridad a través de su acción sindical y política.

En esa posibilidad de acción, en esa esperanza de cambio, en la libertad de protesta y de lucha, radica toda la diferencia.

Es evidente que esa posibilidad de participación, de

afrontar el destino como algo susceptible de ser modificado y no como una piedra que se lleva a cuestas, no existe allí donde nos encontramos. Allí los obreros parecen haber regresado a los tiempos oscuros e irredentos pintados por Dickens o por Zola.

Beben en silencio su amargo café con sabor a achicoria. Los espera quizás una dura jornada frente a los tornos de una fábrica, una cantina sombría, recintos sindicales presididos siempre por las barbas sacralizadas de Marx, Lenin o de Ulbritch,
donde todo está dispuesto de antemano
desde arriba.

Los aguardan calles enfangadas, largas colas, apartamentos con olor a repollos hervidos, y ninguna esperanza, pues
la revolución ya se hizo.

Nuestra entrada es como una piedra que se deja caer en el agua dormida: produce un ruido sordo, círculos concéntricos de interés que van extendiéndose hasta cubrir el ámbito del salón.

Caras lentas
se vuelven hacia nosotros,
un resplandor de curiosidad aviva las miradas, que van tomando nota de nuestra manera de hablar, de nuestra indumentaria, especialmente de la chaqueta de Gabo, un grito escarlata en el moribundo conjunto de grises mojados de lluvia que todo el mundo lleva encima.

Basta un cigarrillo que Gabo pone en su boca después de beber el café, mientras se palpa los bolsillos, para que instantáneamente tres rápidos fósforos se enciendan delante suyo.

No entendemos el alemán; pero es obvio que los obreros aquellos de la mesa vecina quieren saber quiénes somos, de dónde venimos.

Sólo captan la palabra turista. Pero la palabra turista basta. La comprenden, los deslumbra como un diamante. La palabra turista relumbra de modo fascinante en su mundo de hornos, de chimeneas y fango.

Perseguidos por las impresiones de aquel primer encuentro, rodamos de nuevo por la autopista, considerando que una explicación se hace indispensable. ¿Por qué todo es tan sombrío?

Luis Villar es el hombre indicado para dárnosla. Luis, condiscípulo mío en el liceo y de García Márquez en la universidad, está ahora en Leipzig, trescientos kilómetros más adelante, con una beca del partido comunista. Tenemos cita con él.

Luis, hombre estudioso y objetivo, debe saber cómo y por qué la Alemania capitalista, que hemos visto en Heidelberg y en Frankfurt, parece reluciente como una moneda recién acuñada, con edificios recién construidos, vitrinas resplandecientes, bellos parques, cafés repletos de gente, música y muchachas radiantes por todos lados, mientras que la Alemania socialista, la nuestra, al fin y al cabo, parece negra y lúgubre

como una cárcel.

Quizás Luis pueda darnos una explicación.

Nos hemos dado cita en una estación de tren, y allí aparece, vestido como un funcionario de las democracias populares, con unos horribles zapatos amarillos fabricados en Polonia y un abrigo grande y sin forma, que tiene el olor y el color de un perro mojado.

(En todo caso, la piel que irrisoriamente luce en el cuello y las solapas debió efectivamente de pertenecer

a un perro.)

«Es largo de explicar —dice muy serio, los ojos agudos brillándole tras los lentes y los preámbulos cautelosos de un profesor, mientras camina con paso decidido por los sonoros pasillos de la estación del tren—. Hay que hacer análisis de las condiciones en que quedó el país después de la guerra, hay que examinar ciertas circunstancias

históricas,
ver estadísticas,
estudiar muchas cosas, pero
(y ahí los ojos tienen la chispa traviesa que le conocimos cuando estudiante) para hacerles una síntesis puramente enunciativa de lo que voy a explicarles largamente, esto, compañeros (hace una pausa), es una solemne mierda.»

Lo era, en efecto. Con arañas de cristal, cortinajes color púrpura y enérgicos porteros uniformados de gris, nuestro hotel parecía una mala copia de un hotel capitalista de los años veinte.

En los sillones del vestíbulo, a veces delante de una botella de champaña, se aburrían lúgubres burócratas de las democracias populares. La comida, abundante en repollos, acompañada por refrescos tibios con aroma de loción capilar y servida por camareros con manchados trajes de etiqueta, parecía la de una cantina escolar.

Fuera de aquel islote de lujo, hecho para la clase dirigente, todo lo que se extendía alrededor era un desierto de calles sombrías.

El cabaret llamado Fémina, donde a falta de otro lugar más animado acabamos metiéndonos Gabo, Luis, mi hermana y yo aquella noche, parecía salido de una mala película empeñada en demostrar, con efectos subrayados, una atmósfera de desesperación y decadencia.

Allí, con un fondo taciturno de violines, en una penumbra de luces verdes, hombres solitarios daban la impresión de estar bebiendo amargamente la última copa de su vida.

Uno de ellos, todavía joven, fino y demacrado y profundamente abatido como si acabase de perder en la ruleta toda su fortuna, quebró una copa con la mano. La mano se le manchó de sangre. El camarero, sin una palabra, le puso sobre la barra otra copa y el hombre siguió bebiendo sombríamente, la mano húmeda de sangre, los ojos fijos en el vacío.

—Mierda —exclamó Gabo—, parece que los fueran a fusilar mañana.

—Creo que estarían más contentos si de verdad los fueran a fusilar —dijo Luis.

Herr Holtz nos diría lo mismo. Herr Holtz, un alemán que conocimos aquella noche, nos revelaría de manera simple, inocente y demoledora la realidad que hasta entonces sólo llegábamos a intuir.

Estaba en la mesa de al lado, bebiendo cerveza con su mujer y dos muchachas: un hombre pequeño y exuberante, a quien las cervezas bebidas, nuestra pinta de extranjeros y el Renault con placas francesas en la puerta, acabaron por disipar sus últimos escrúpulos

y desatarle la lengua.

Con mil precauciones, nos llevó a la casa que compartía con su esposa y con las dos muchachas, que eran estudiantes de la universidad. Allí nos habló.

Hasta el amanecer.

Pequeño funcionario, participaba en las organizaciones del partido, votaba dócilmente por sus listas en las elecciones, estaba suscrito a sus periódicos y, si era necesario, desfilaba en las conmemoraciones

con otros millares de herr Holtz

ante las tribunas presididas por hieráticos e idénticos jerarcas comunistas.

Todo lo que se permitía herr Holtz, como expresión de independencia personal, era beberse unas cuantas cervezas los sábados, acompañado por su esposa, y cultivar algunas coles en un pañuelo de tierra que tenía detrás de su casa.

Pero tras la fachada dócil y gris de aquella personalidad disciplinada por el sistema, había una sorprendente carga de frustración y amargura.

Herr Holtz nos hizo oír los gruñidos que en el radio interferían las emisoras occidentales, nos enseñó el diario del Partido que echaba a la cesta sin abrir, y sirviéndose de Luis como intérprete y con todo el silencio de la madrugada de Leipzig en torno nuestro

y la impunidad de hablarle a turistas, los primeros que había visto en su vida venidos del otro lado,

nos descubrió el mundo opresivo en que vivía, mientras su esposa y las dos muchachas aprobaban silenciosamente con la cabeza clavando en nosotros sus graves ojos azules.

En nada creía herr Holtz, salvo en las coles de su huerto.

Pronto se habrán cumplido cuarenta años desde aquella noche, pero yo no he olvidado nuestro regreso al hotel en el lúgubre amanecer de Leipzig, de calles iguales iluminadas por agónicas luces amarillas, llevando ya por dentro la semilla de una sospecha irremediable sobre la realidad del mundo comunista.

La sospecha aquella no me impidió, es cierto, contarme entre los fervorosos partidarios de la revolución cubana de los primeros tiempos, hacer causa común con los comunistas en algunas oportunidades, protestar contra los bombardeos norteamericanos durante la guerra del Vietnam,

pero lo sucedido desde aquel remoto amanecer en Leipzig no ha hecho sino convertir aquella semilla de desconfianza en inquieta certeza.

De algún modo estaba inscrita allí la Primavera de Praga, en 1968, aquella flor de esperanza aplastada por los tanques rusos; allí, el *boat people* de Vietnam y Cuba; allí Camboya y Afganistán, y el ejército sometiendo por la fuerza a los obreros de Solidaridad, en Polonia.

Ahora creo que fatalmente, cualquiera que haya sido su base popular de origen, un régimen comunista tiene un mismo código genético y acaba estableciendo no sólo formas absolutas de opresión política, sino lo que es más grave, formas absolutas de opresión de clase:

una burocracia dirigente, una *nomenklatura*, apoyándose en las fuerzas armadas y en los organismos de seguridad, y sirviéndose de la antigua ideología revolucionaria como instrumento de enajenación y manipulación de las masas, oprime al resto de la nación y en primer término

a la clase obrera que dice representar.

He pasado años escuchando a antiguos comunistas como el venezolano Teodoro Petkoff, los españoles Jorge Semprún y Fernando Claudín o el cubano Carlos Franqui, que buscaban explicarse este fenómeno histórico, con miras a encontrar otras opciones, humanas y democráticas, del socialismo.

¿Fue de Stalin la culpa? ¿Fue de Stalin, el rústico, frío, siniestro hijo de las tinieblas religiosas y feudales de su Georgia natal, la culpa de que un pretendido instrumento de análisis de la historia como era el marxismo se haya convertido en un dogma litúrgico?

O, yendo más atrás aún, ¿fue del propio Lenin, que en el apremio de una revolución amenazada por la intervención extranjera, dejó el esquema monolítico de la nueva sociedad a través de su famoso centralismo democrático?

O acaso todo se deba al hecho de que el socialismo llegó a países que no habían cumplido la etapa de la acumulación capitalista, de suerte que le correspondió al Estado cumplir el papel del capitalista privado de manera aún más primaria, salvaje, coercitiva.

Todo ello es posible, pero la realidad del mundo comunista es hoy la misma, inexorablemente.

Desde luego es lo que pienso yo: no García Márquez. Él, hoy en día, pone a Cuba fuera de la cesta.

Aquel año, 1957, para que nada faltara a una visión más objetiva y menos libresca del mundo comunista, viajamos a la Unión Soviética.

Siempre recordaremos nuestro viaje a la URSS como ejemplo de lo que puede lograrse en la vida a base de empeño, de infinita obstinación. Nos habíamos propuesto obtener una visa para asistir al Festival Mundial de la Juventud que tenía lugar en el mes de agosto, en Moscú.

Recuerdo el calor canicular de aquel verano, nuestros continuos, inútiles viajes en metro a la embajada soviética y a una oficina polvorienta, cerca a la plaza de la Bastilla, donde funcionaba la secretaría del festival.

Casi siempre en la oficina aquella encontrábamos personajes subalternos que no tenían facultades para acreditar a nadie como delegado del festival. Cuando toda nueva gestión parecía inútil y debíamos resignarnos a pasar el verano bebiendo refrescos en las terrazas reverberantes de sol de los cafés,

fuimos en metro, sudando siempre, a la oficina del festival, quizás ya clausurada, y contra lo que esperábamos la puerta se abrió. El hombre joven que encontramos dentro recogiendo algunos papeles de su escritorio, debía de ser el responsable francés del festival: nos autorizó la visa.

Oficialmente quedamos acreditados como integrantes de un ballet folclórico, compuesto por negros de la costa caribe colombiana, que había viajado a Moscú.

No había asiento libre en el tren. Viajamos de pie, Gabo, un amigo colombiano, Pablo Solano, y yo. Nos veo a los tres, parados en la puerta de un W.C., muertos de hambre y sueño, durmiendo a trechos el uno en el hombro del otro.

Al cabo de treinta horas de viaje bajamos del tren
en el atardecer azul de Praga,
con las ropas arrugadas y las rodillas temblorosas.

Veinticuatro horas después tomábamos el tren para Moscú, en condiciones más confortables.

García Márquez escribió sobre aquel viaje espléndidas crónicas, en las que nada falta, ni los trigales de Ucrania, ni las mujeres que trabajaban en los campos, ni las estatuas barnizadas de plata en las estaciones, ni la desmesura de Moscú y el aspecto todavía rural que entonces tenía la muchedumbre que llenaba sus calles, ni el hermetismo del poder, ni el sigilo con que hablaba de Stalin,

sin llamarlo nunca por su nombre, una vieja dama de teatro, parecida a Jean Cocteau, que alguna noche encontramos.

«Este teatro lo comparan con una patata —decía en francés, señalando la iluminada fachada del Bolshoi—. ¿Saben por qué? Lo mejor está bajo tierra», y las pupilas le brillaban oscuras y triunfales bajo un sombrero con flores de terciopelo

que parecía haber conservado desde la época de los zares.

Recuerdo aquel viaje como una sucesión de días cálidos y agotadores, en una atmósfera de gran *kermese*, rodeados siempre en calles, plazas, parques y granjas por multitudes toscas, intrigadas y efusivas que se acercaban a vernos, a tocarnos, a hacernos preguntas

como si fuésemos seres caídos de otro planeta.

Todo lo que allí vimos, oímos, olimos y sentimos parecía hecho para maltratar ese primario individualismo occidental que nos induce a desear un cuarto, un baño, una mesa para uno solo o para dos, si uno está acompañado, en vez de compartirlo con diez desconocidos

cuyos humores, bromas, gargarismos, eructos y ronquidos invaden predios hasta entonces no pisados de la propia intimidad.

Todo allí se confabulaba para descubrirnos un elitismo, dormido sobre las plumas de nuestra conciencia burguesa, que allí despierta de pronto para hacernos soñar malévolamente con las más despreciables futilidades del capitalismo:

vitrinas de la Quinta Avenida o del faubourg Saint-Honoré,

mujeres elegantes, talones finos, perfumes, pulseras, pañuelos de seda, estuches de cuero, trajes bien cortados, servilletas almidonadas, toallas con olor a lavanda, un whisky bien servido con mucho hielo, un platillo de aceitunas, un saxofón quejándose en la penumbra de un bar

y hasta el oprobioso símbolo burgués de una coca-cola helada,

en vez de refectorios multitudinarios, repollos nadando en grasa, colas agotadoras, polvo, folklore en dosis indigestas, lemas políticos primarios, ropas que parecen cortadas con cuchillos de cocina, dientes de plomo en las sonrisas de las muchachas, botas de plástico, pañuelos en la cabeza, trajes con medias lunas de sudor bajo los brazos,

todo barato, gigantesco, abrumador,

todo envuelto en ese tibio y descompuesto olor de Rusia que lo aguarda a uno, como un asesino tras de una puerta, en autobuses, vestíbulos ferroviarios y otros lugares públicos, y lo sigue adonde vaya como un perro enfermo.

Olor a medias viejas y a millares de bostezos, dice Truman Capote.

Probablemente aquellas impresiones no afectaban a García Márquez de la misma manera que a mí, aunque él protestara con humor por los refrescos con aroma y sabor a loción capilar que nos servían en el almuerzo.

Desde muy joven, dispuesto a cualquier cosa a condición de escribir,

había aceptado vivir en cualquier parte, pensiones baratas y hasta hoteles de prostitutas, de modo que ningún remilgo le quedaba de una infancia burguesa.

Sus observaciones críticas sobre la URSS se situaban en una latitud más profunda.

Veía con divertida perplejidad el contraste entre una tecnología avanzada en ramas de la gran industria y la rusticidad de los artículos de consumo: el país capaz de enviar al espacio un satélite, un Sputnik con un perro dentro, no había logrado que los retretes funcionaran debidamente,

o que los zapatos no le sacaran a uno callos en los pies.

Veía con humor el carácter infantil y declamatorio de la pintura oficial, la arquitectura, los monumentos públicos, los decorados de la ópera, todo chapucero, todo chambón, decía, hecho con el gusto de un zapatero

que se ha ganado el premio gordo de la lotería.

Le fascinaba el hermetismo del poder soviético, aquel misterio palaciego tras las altas murallas del Kremlin. Stalin, muerto ya, había reinado desde la sombra: sólo era visto en las grandes fechas, un kepis de mariscal con una estrella roja, una mano cubierta con un guante insinuando un brumoso saludo. Lo demás corría por cuenta de los organismos de seguridad. (Quizás allí empezó a hervirle en las marmitas del inconsciente su novela del dictador.)

Visitamos, desde luego, el mausoleo de la plaza Roja, un recinto de mármol que él halló sin temperatura y sin olor, donde todavía, al lado de la urna de cristal que guardaba el cuerpo embalsamado de Lenin, había otra con el cuerpo de Stalin.

Con su barbilla cortada en punta y sus ropas parecidas a las de un pequeño catedrático, Lenin parecía fundido en cera, como un muñeco del Museo Grevin.

Stalin, en cambio, parecía todavía vivo. Dormido, pero

vivo. Dormido, pero temible, con la luz de una lámpara dándole a la cara, a los bigotes y al pelo un tono rojizo, y las manos sorprendentemente delicadas, reposando con calma sobre el abdomen.

Fue el detalle que le impresionó a Gabo.

—¿Te diste cuenta de que tenía manos de mujer? —me dijo en la plaza Roja, al salir.

Muchos años después pondría aquellas manos a su dictador en *El otoño del patriarca*.

Recuerdo nuestro descenso por el Volga, desde Stalingrado: el Volga, ancho como un río tropical, pero de aguas limpias reverberando en las distantes riberas bajo la suave luz del verano,

mientras en la cubierta del barco se oye música de acordeones.

Una gigantesca estatua de Stalin, tan alta o más que la estatua de la Libertad a la entrada del puerto de Nueva York, nos espera a la entrada del canal Volga-Don.

Esculpido en piedra, Stalin levanta el brazo señalando por encima del Volga

su viejo, inmenso, enigmático país.

El propio Stalin en vida había dispuesto que aquel Stalin de piedra fuese erigido en un lugar inscrito en la geografía y en la historia de su país tan profundamente como las líneas en la palma de una mano, para desafiar los vientos

y los siglos.

En aquel instante, sintiéndonos diminutos frente a la estatua gigantesca, nos parece que Stalin ya pertenece de manera definitiva a la mitología del mundo comunista, que está entronizado en sus altares para siempre.

¿Para siempre?

No podemos adivinar que antes de diez años aquella estatua será dinamitada, y el mito que representa dinamitado también por el informe de Kruschev ante el XX Congreso del Partido Comunista. Desaparecerán los retratos de Stalin y sus despojos mortales serán sacados del mausoleo de la plaza Roja.

Pese a todo, aquel mundo monolítico tendrá sus fisuras, los dogmas sacralizados por reverentes liturgias desaparecerán cuando los cardenales del poder soviético elijan un nuevo papa.

En aquel viaje a la URSS pudimos comprobar, desde nuestra perspectiva de periodistas rasos, hasta qué punto el poder estaba allí distanciado de la gente.

La gente, que apenas entonces salía de la larga y tenebrosa noche estaliniana, tenía la efímera esperanza de un cambio. Nos rodeaba en plazas y calles hirviendo de curiosidad: quería saber cómo vivíamos, cómo veíamos a su país: quería confrontar su mundo con el nuestro.

Los parques, donde se organizaban bailes cada noche, nos permitían entrar en contacto con la gente soviética.

Recuerdo el polvo, el calor, los haces de luz de los reflectores cruzando la noche muy larga, y en torno nuestro, sudorosos, intrigados, docenas de hombres y mujeres haciéndonos preguntas con ayuda de cualquier intérprete espontáneo que hablara castellano o francés.

Allí sentíamos, en aquel ansioso acoso de la multitud, el pulso real del país. Sus preguntas no estaban contaminadas de lemas o consignas políticos. Hablaban de zapatos o cebollas, de sueldos y vacaciones, cosas tangibles, cotidianas.

Allí, en los parques del verano, con la música nostálgica de *Tardes de Moscú* sonando al fondo, palpábamos una verdad no enajenada por ideología alguna: la vida, la realidad simple como un nabo.

Las expresiones oficiales, en cambio, tenían la rigidez pétrea de los dogmas, algo sin vida y sin sustancia, simples fórmulas, letra muerta.

Regresamos a París por distintos caminos.

García Márquez se sumó a un grupo que viajaría a Hungría. Yo regresé por la vía de Polonia, luego de una escala fuera de programa. Mi amigo Pablo Solano se enfermó de neumonía en el tren de regreso. Internado de emergencia en un hospital para tuberculosos, en Brest Litovsk, yo debí acompañarlo mientras se recuperaba.

Pasé los ocho días más solitarios de mi vida alojado en los altos de la estación ferroviaria, compartiendo el cuarto con cuatro rusos que de noche bebían vodka y jugaban a las cartas.

García Márquez vivió una experiencia más apasionante en Budapest, ciudad que conservaba frescas las huellas de la insurrección de 1956. «Todo lo que hemos visto es pálido al lado de Hungría», me dijo por teléfono, al llegar a París.

Yo estaba aquel día a punto de tomar un avión para Caracas y no tuve tiempo de verlo.

Terminado el verano, García Márquez tenía la intención de irse a vivir a Inglaterra, contando con los escasos recursos que podrían producirle artículos para la prensa. Yo pensaba regresar a mi oficio de periodista en Venezuela.

Nunca imaginamos que estábamos a punto de dejar a Europa por más de doce años.

La vida despreocupada y bohemia del barrio latino, que había sido la nuestra hasta entonces, libres de todo horario y sin más ropas y objetos que los que pueden caber en una maleta de viaje,

llegaba a su fin.

Íbamos a encontrarnos de nuevo, más pronto de lo previsto, para ser testigos de grandes acontecimientos políticos de América Latina, entre ellos la revolución cubana. Íbamos a vernos semanas después en Caracas, gracias a un personaje muy especial.

3

Flaco, calvo, nervioso, con lentes oscuros, estaba siempre al borde de la histeria, como una *prima donna*. Cuando se le contradecía, le temblaban las manos, el mentón; también en la voz había un temblor de cólera:

—¿Quién es el director aquí? —estallaba.

—El director es usted.

—Exactamente, el director soy yo. —Y sus invariables lentes oscuros despedían destellos triunfales—. Soy yo. El director soy yo.

Lo repetía una y otra vez, enardecido, como si quisiese convencerse a sí mismo, pero uno sentía que debajo de la fogosa afirmación latía una inseguridad profunda. De hecho, cualquier objeción a sus iniciativas lo dejaba desmantelado. Temblando aún, se levantaba del escritorio.

—Ahí le dejo esa revista —decía con infantil amargura—. Haga lo que quiera con ella.

Saliendo de la oficina de dirección, que compartía conmigo, se alejaba por la sala donde estaban los redactores, su blanco traje tropical flotándole desoladamente sobre los huesos.

De pronto, a mitad de camino, se detenía, como encandilado por una idea súbita. Volvía sobre sus pasos. En la puerta de la oficina, la calva y los lentes brillándole, tenía una expresión de triunfal desafío:

—¿Sabe cuántos años hace que soy periodista? Treinta años.

—Dirigir un diario no es lo mismo que dirigir una revista.

Abría la boca como si acabara de recibir un golpe. Se alejaba de prisa, hablando solo, esta vez sin detenerse.

Volvía en la tarde, sigiloso, como avergonzado:

—Usted tiene razón. Ese reportaje que yo propongo es bueno para un diario, pero no para una revista. Para una revista no sirve. —Y dueño ahora del reparo, su voz volvía a enardecerse—: No sirve. No sirve. No sirve.

Era explicable que todo el mundo en Venezuela lo llamara el loco. El loco Ramírez Mac Gregor. O simplemente, el loco Mac Gregor. Y era loco, en parte;

en parte, como muchos locos, se hacía el loco.

Propietario del diario *Panorama* de Maracaibo, había comprado en Caracas la revista *Momento*, cuyas instalaciones de rotograbado eran las más modernas del país.

El caso de Ramírez Mac Gregor era típico de la Venezuela de entonces. La clase empresarial, por cuyas manos corría el dinero del *boom* petrolero del país, estaba llena de nuevos ricos arrogantes y un tanto primarios,

como magnates de Texas,

que invertían dinero en toda suerte de empresas sin tener mayores conocimientos técnicos de las mismas, pero seguros de que cualquier negocio que acometiesen con autoridad y audacia, a la vuelta de poco tiempo les produciría fulgurantes utilidades.

Ramírez Mac Gregor había puesto millones de bolívares en aquella revista y pretendía dirigirla para hacer sentir su influencia en el país,

pero no sabía cómo.

Así, oscilando entre explosiones autoritarias y escrúpulos de modestia, trataba de poner a su lado, discretamente, gentes calificadas del oficio sin que éstas proyectaran sombra alguna sobre su flamante condición de director.

No era fácil, sin embargo, hacer equilibrio sobre esta cuerda: o bien los periodistas que contrataba seguían con oportunismo sus instrucciones y al final, convertidos en proyección de sí mismo, no le servían para nada,

o bien afirmaban sus propios puntos de vista y le resultaban insoportables.

Como yo.

Me había nombrado jefe de redacción e inclusive había puesto mi escritorio al lado del suyo, como si fuésemos dos generales con igual rango en un Estado Mayor. Pero mis continuas objeciones a sus iniciativas, que eran por lo general inocuas, lo mantenían al borde del colapso.

Lleno de desasosiego, pero incapaz de despedirme, se iba a jugar a golf en los campos del Country Club o a visitar a su amante, una actriz de televisión cuya fotografía, con cualquier pretexto, aparecía en todos los números de la revista.

Yo estaba empeñado en formar un nuevo equipo de redactores, como única manera de sacar a flote la publicación. Pero no tenía autonomía para hacerlo: Ramírez insistía en traer periodistas de su diario. Con la excepción de un par de amigos que todavía conservo, eran por lo general redactores roídos ya por la herrumbre del oficio, agotados por la rutina y el calor canicular de Maracaibo: sólo creían en su paga quincenal.

—No hay mejores —decía Mac Gregor—. Si conoce a alguien mejor, dígalo.

—Conozco un periodista muy bueno.

—¿Quién es?

—Se llama García Márquez.

Mac Gregor me examinaba, desconfiado, como si estuviera escuchando las propuestas de un gitano de ferias.

—¿Venezolano?

—No, colombiano. Y vive en Europa.

El mentón de loco empezaba a temblar.

—¿Más extranjeros? Imposible, imposible. Mire —y aquí su voz tenía una vibración histérica—, los venezolanos que trabajaban en esta empresa nunca se comieron de muchachos un plato de caraotas. O una tostada de cochino. Son alemanes. O vascos. O españoles naturalizados. ¡Y ahora usted quiere traerme colombianos!

—Yo no pretendo nada. Ni siquiera sé si a mi amigo le interesa venir a Venezuela.

Pero el temperamento del loco Mac Gregor estaba siempre cruzado de corrientes contrarias, de flujos y reflujos.

Así, un día,

después de romper los originales de un reportaje propuesto por él y escrito de cualquier modo por alguno de sus redactores, se volvió impulsivamente hacia mí:

—Déme la dirección de su primo.

—¿Cuál primo?

—García Márquez.

—No es primo mío.

(Había descubierto que mi segundo apellido era García.)

—Es igual, déme su dirección. Voy a situarle un pasaje aéreo.

Nunca supe en qué términos le comunicó su propuesta, pero supongo que debió de hacerlo a su manera, profusa y caótica. Le pedía una respuesta por teléfono. Gabo me llamó a mí:

—Oye, un tipo que debe de estar completamente loco me envió un telegrama contándome todos sus problemas personales y proponiéndome que vaya a trabajar allí. ¿Cómo es la vaina?

Le expliqué cómo era la vaina. Ocho días después, García Márquez estaba en Venezuela.

País tumultuoso, país estrepitoso, país generoso, Venezuela recibe hoy a García Márquez con los brazos abiertos cada vez que aparece por allí, con toda su celebridad a cuestas, sus camisas tropicales, sus declaraciones truculentas (ej.: «todos los hombres somos impotentes») y esas bromas suyas, que larga impávido,

y que producen en los bogotanos de pura cepa, rígidos como paraguas, una contracción glacial de horror, pero una explosión muy sana de risa en todo aquel que haya vivido en medio del desorden, la luz, el calor y la falta de compostura del Caribe.

Venezuela, país joven con fervor por los ganadores, sean caballos de carreras, peloteros de béisbol, cantantes de moda, líderes políticos o escritores famosos, abruma a García Márquez con toda suerte de demostraciones calurosas

(flashes, autógrafos, cócteles, enjambres de periodistas),

a tal punto que en esta efervescencia reciente se diluye la imagen ya antigua del amigo flaco y pobre como un monje trapero, con una valija de cartón en la mano y un meritorio traje color café comprado en los saldos del bulevar Saint-Michel de París

que Soledad, mi hermana, y yo recogimos en el aeropuerto de Maiquetía la víspera de la navidad de 1957.

Recuerdo que lo llevamos directamente del aeropuerto a las salas de redacción de la revista y que todo lo que vio de Caracas aquel atardecer fueron autopistas vertiginosas, el Ávila color malva y quizás algunos letreros luminosos dibujando filigranas sobre una bruma de azoteas.

«¿Dónde está la ciudad?», preguntó después de haberla cruzado de un extremo a otro.

Veo las salas de redacción de *Momento*, sin ventanas y a toda hora iluminadas por tubos de neón, donde nos sepultamos desde su llegada para preparar el número de fin de año de la revista, y al loco Mac Gregor deteniéndose al pie del escritorio de su nuevo y demacrado redactor, examinando con desconfianza su bigote, sus huesos desamparados,

sin contestarle siquiera el saludo.

Veo los bistecs nadando en grasa que comíamos en una fonda de obreros a mediodía cerca de la revista, con Kermele Leizaola y Paul de Garat, dos vascos, compañeros de trabajo, que fueron en aquel tiempo nuestros más cercanos amigos; veo la pensión de inmigrantes italianos en San Bernardino,

siempre olorosa a tallarines hervidos,

donde alojamos a Gabo; el pequeño MG descapotable, color blanco, en el que yo iba a recogerlo o a depositarlo siempre a horas inhumanas, y el apartamento en los altos del mismo barrio donde yo vivía con mis hermanas, para las cuales, alegres y expansivas como son, Gabo se convirtió rápidamente en otro miembro de la familia: alguien fácil, cómodo, de lavar y planchar. Otro hermano.

Recuerdo, sobre todo, aquel primero de enero de 1958 en Caracas.

Es nuestro primer día de descanso desde que Gabo llegó de París. Después de las celebraciones de fin de año, que en Caracas se festejan estrepitosamente, la ciudad, blanca, extendida al pie del Ávila, parece aletargada por el calor y la fiesta de la víspera.

Por el balcón de mi apartamento entra la claridad del mediodía y el constante, adormecedor, latido de las chicharras.

Hemos decidido ir a la playa. A Gabo, que está todavía verde por los ayunos de Europa y por las trasnochadas de una semana de intenso trabajo, le convendría un poco de sol, de aire marino.

Pienso en un pescado frito con rodajas de limón, en unas

cervezas heladas bebidas a la orilla del mar, mientras sopla la brisa y vuelan gaviotas sobre la playa.

He puesto en una bolsa de lona toallas y trajes de baño, y ahora esperamos a mi hermana Soledad que debe recogernos en su automóvil.

Gabo, que está echado en una silla, no parece sin embargo muy entusiasmado con la excursión. La cara, inexplicablemente, se le ha ensombrecido.

—¿Qué pasa, hombre?

Parpadea antes de responder.

—Mierda, tengo la impresión de que algo va a ocurrir.

—¿Qué cosa?

—Algo que nos va a poner a correr.

Casi en seguida, como se presentan los efectos en una mala pieza de teatro, oímos por el balcón abierto un ruido seco, cortante, continuo: no hay duda, es bala: el latido de una ametralladora.

Luego, profundos, resonantes, con intervalos, dando la réplica a la ametralladora con la gravedad visceral de registro de un barítono al área de una soprano, los disparos de una batería antiaérea.

Nos precipitamos al balcón.

En casas y edificios contiguos, otras personas se asoman también a sus ventanas. Bajo el crudo resplandor del sol, vemos el fulgurante destello de un avión a reacción descendiendo en picada sobre una edificación del centro de la ciudad.

Luego,
siempre veloz,
el avión asciende verticalmente perseguido por ráfagas anaranjadas que en lo alto estallan convirtiéndose en densos hongos de humo.

La escena nos parece irreal.

El chillido de unos frenos nos obliga a mirar hacia la calle. Es el automóvil de mi hermana, que acaba de detenerse frente al edificio. Ella sale del auto precipitadamente, y al vernos en el balcón, nos grita desde el andén:

—¡Se alzó la base aérea de Maracay! Están ametrallando Miraflores.

Miraflores es el palacio presidencial.

En las escaleras del edificio hay un subir y bajar precipitado de gentes: los europeos, muchos de los cuales vivieron la pesadilla de la Segunda Guerra Mundial, bajan con prisa hacia los sótanos. Los venezolanos,

y nosotros con ellos,

subimos hacia la azotea: no podemos perdernos el espectáculo: bombardeos, combates aéreos, sólo los hemos visto en el cine.

Los férreos dictadores militares de América Latina, que habían llegado al poder mediante golpes de Estado en aquella década del cincuenta, se estaban cayendo, uno tras otro,

como manzanas podridas.

Odría había caído en el Perú en 1956. Un año después, en Colombia, había caído Rojas Pinilla

(la noticia, discretamente publicada por *Le Monde*, nos había llegado una tarde de mayo a la terraza del Deux Magots).

Y ahora al parecer, antes de Batista, cuyo ejército luchaba ya contra Castro en la Sierra Maestra, le correspondía el turno a Pérez Jiménez.

Aquella dictadura, que había proscrito toda actividad política en el país, desarrollando un espectacular programa de obras públicas, abriéndole de par en par las puertas del país a una laboriosa inmigración de eslavos, españoles, italianos y portugueses,

y desde luego, enviando al exilio, a las cárceles o liquidando, tranquilamente, si era preciso, a cualquier opositor, duró tres semanas, desde aquel primero de enero, cayéndose a pedazos.

El alzamiento de los aviadores militares fracasó por falta de coordinación con las guarniciones de Caracas, pero marcó para el gobierno de Pérez Jiménez el comienzo del fin.

El primero en comprenderlo fue el propio jefe de los servicios de seguridad del dictador. Pedro Estrada, un hombre alto, atlético, elegante, cuyo nombre era mencionado siempre en voz baja, tal era el temor que infundían sus agentes y su cuerpo de informadores, se asiló en una embajada al anochecer del primero de enero,

dejando en sus roperos docenas de trajes y un centenar de zapatos sin estrenar,

y una brecha enorme en la hasta entonces blindada, casi invulnerable dictadura de Pérez Jiménez.

(Condenado por su pasado a un exilio perpetuo, Estrada vivió luego en un lujoso apartamento de París, cercano al Bois de Boulogne. Muy poco quedó del policía cínico y eficiente que fue.

Con el tiempo se convertiría en un hombre de manos y modales cuidados, que hacía refinadas citas de Camus bebiéndose un whisky e invitaba a su casa a antiguos adversarios suyos, incluyendo activistas de izquierda que fueron torturados por sus agentes

o como él decía, con suave pudor: «molestados por mis muchachos».)

Aquellos días fueron para nosotros, periodistas responsables de una revista semanal, muy intensos.

Mientras el dictador permanecía en un búnker del palacio presidencial con todos sus ministros, el país, amordazado hasta entonces, hervía de manifiestos clandestinos, proclamas y hojas volantes, bajo la coordinación de una invisible Junta Patriótica.

Redadas efectuadas precipitadamente por agentes de la

seguridad iban llenando patios y celdas del edificio de la Seguridad Nacional de periodistas, escritores, profesionales, industriales o párrocos que hasta entonces habían permanecido ajenos a toda actividad política.

Una tarde los servicios de inteligencia aparecieron por las oficinas de *Momento* y se llevaron a todo el mundo preso. García Márquez y yo, por pura casualidad, nos encontrábamos fuera. Ramírez Mac Gregor,

que debía estar en antecedentes del primer alzamiento, había viajado a Nueva York dos semanas atrás y allí permanecía,

observando los acontecimientos de su país a prudente distancia.

Sin posibilidad de editar la revista, Gabo y yo recorríamos la ciudad en un MG hasta la hora del toque de queda, respirando un aire de tensas expectativas, una calma electrificada que era rota aquí por un disparo, allí por un mitin relámpago o por un repentino diluvio de hojas volantes caídas desde una azotea,

por gritos o carreras de policías provistos de cascos y fusiles en las calles,

mientras toda la ciudad crepitaba de rumores acerca de muertos, combates en los suburbios y supuestos levantamientos de diversas guarniciones.

La caída del dictador se produjo, al fin, en la madrugada del 23 de enero. Durante buena parte de la noche, confinados en mi apartamento de San Bernardino por el toque de queda, Gabo y yo habíamos permanecido al pie del radio escuchando monótonos partes oficiales transmitidos en cadena en medio de largos trozos de música clásica, hasta que oímos un joropo, y casi en seguida la voz sorpresiva de un locutor anunciando: «La dictadura ha caído. ¡Viva Venezuela!»

Todavía arden en la memoria aquellas dos luces rojas que vimos desde el balcón, volando a poca altura, bajo las pacíficas estrellas de enero: el avión que se llevaba a Pérez Jiménez al exilio.

Florecían, una tras otra, luces en todas las ventanas, como si la ciudad hubiese permanecido horas a oscuras, en vela, aguardando aquel momento; reventaban en las calles las primeras bocinas de júbilo,

y un vecino, en la calle, señalando el avión que se alejaba en la oscuridad de la noche hacia el mar, gritó de pronto: «¡Ahí va el hombre!»

Todavía late en la memoria aquel brumoso amanecer de enero; bocinas, campanas, sirenas de fábricas en la brisa gris, fresca y húmeda; gritos, banderas, automóviles circulando velozmente en todas direcciones llenos de gentes sacudidas por el mismo delirio, y en todas las emisoras, después de años de silencio, proclamas y discursos de líderes políticos, sindicales y universitarios, de escritores, periodistas, profesionales.

A las cinco de la mañana, estamos con Gabo en las oficinas de *Momento*, convocando a obreros y redactores a través de una emisora y escribiendo a cuatro manos, en la combustión alegre de la hora, un editorial, el primero de la revista, saludando la llegada de la democracia, sin pensar por un momento que somos extranjeros

(en realidad no lo somos: no en Venezuela, no en aquel momento).

De la edición aquella, en la que trabajamos durante 48 horas seguidas manteniéndonos en pie con tazas de café negro; de aquella edición llena de fotos excelentes tomadas por nuestros fotógrafos, asumiendo responsabilidades que no nos correspondían, ordenamos una impresión, entonces desmesurada, de cien mil ejemplares (que se venderían, por cierto, en pocas horas).

Todavía arde en la memoria el recuerdo de aquellas noches que siguieron a la caída de la dictadura: el toque de queda, la ciudad, de ordinario rutilante de luces y llena de bullicio, ahora quieta y fantasmal, sin policías

(el primer policía que ha salido a la calle ha sido linchado por la multitud);

la ciudad patrullada por niños *boy-scouts*, que apenas pueden sostener un arma con sus manos,

y nuestro MG blanco, con salvoconducto de prensa en el parabrisas, tarde, avanzando por las avenidas desiertas, húmedas de llovizna, bajo el resplandor huérfano de avisos luminosos.

Se oye todavía algún disparo, a lo lejos.

Frente al edificio de la General Motors, nos detiene una patrulla de *boy-scouts*:

—¡Tengan cuidado! Hay carros fantasmas con esbirros de la seguridad disparándole a los carros con salvoconducto. Allí, en la Andrés Bello, mataron a una familia.

Después de aquel anuncio, cualquier automóvil ocasional, cuyos faros divisamos desde lejos, acercándose con lentitud, nos parece sospechoso.

Aguardamos en cualquier momento el fogonazo de un disparo. Sería tonto morir así.

Gabo se hunde en su silla, sin decir una palabra, la tensión de un músculo dibujándosele en la cara. Igual que cuando se sube a un avión.

(Aprendí con el tiempo a descubrir que aquellos terrores lívidos, hoy desaparecidos, se relacionaban con su vocación literaria: no tenía ningún deseo de morirse sin haber escrito lo que tenía que escribir. Así, cada vez que tomaba un avión, primero tenía que emborracharse. Después de publicar *Cien años de soledad*, y aún más, después de *El otoño del patriarca*, su sentido del riesgo cambiaría.

Ahora aborda un avión como quien se sube a un taxi.)

Noches, días intensos, que la memoria guarda fragmentaria-
mente y que, articulándose en torno a un episodio tan típi-
camente latinoamericano —la caída de una dictadura militar—, serían el germen de *El otoño del patriarca*.

Aquella noche, en el Palacio Blanco. Sentados en la ante-
sala del despacho presidencial, aguardamos la constitución
definitiva del nuevo gobierno. Militares demócratas y militares simplemente «golpistas», interesados en asegurar el
monopolio castrense del poder, miden dentro, a puerta cerrada, su fuerza.

De pronto, bruscamente, se abre la puerta del despacho.
Caminando de espaldas, con una ametralladora en la mano,
vemos salir al oficial perdedor de aquellas intensas, secretas
y agotadoras deliberaciones, un golpista.

Sus botas de campaña van dejando manchas de barro en
la alfombra,

antes de desaparecer, escaleras abajo, rumbo al exilio.

«Fue allí donde tuve por primera vez la idea de escribir
la novela del dictador», me ha dicho Gabo años después.

El otoño del patriarca.

Es posible también que la idea aquella haya hundido sus
talones en el encuentro que días después tuvimos en el Palacio de Miraflores con un antiguo mayordomo que en aquel
caserón colonial, donde se respira un aire de otros tiempos,
había servido durante cincuenta años, sin hacer mayor dis-
tinción entre sus amos,

civiles o militares,

dictadores o demócratas.

Parecía recordar con una sombra de nostalgia al general
Juan Vicente Gómez, que cuarenta años atrás había colgado
su hamaca en un cuarto de aquel caserón y prodigaba cuidados al mejor de sus gallos de riña.

El dictador que había gobernado con puño de hierro a
Venezuela durante un cuarto de siglo era visto por él como

una especie de abuelo de hábitos sobrios, venido de los Andes, perjudicado sólo por intrigas de compadres y parientes y civiles llenos de mañas.

Diecisiete años después, oyéndole leer a Gabo en mi casa de Mallorca el manuscrito de *El otoño del patriarca*, seguía viendo sobre cada página del libro la sombra de Gómez,

tal como lo evocaba aquel mayordomo que había servido al dictador en otros tiempos.

La atmósfera efervescente de aquellos días, y la que un año después viviríamos en Cuba, a la caída de Batista, le abrieron sin duda camino a la idea de Gabo de escribir una novela sobre el dictador latinoamericano.

(«¿Te has dado cuenta que no existe ninguna buena?», me decía mientras íbamos al trabajo.)

Aviones repletos de exiliados que regresaban a su país aterrizaban en el aeropuerto de Maiquetía; líderes políticos durante largos años no podían mencionarse en los periódicos, así fuese para hablar mal de ellos, ahora llenaban con multitudes la plaza del Silencio; los partidos abrían sedes en todas partes, surgían nuevos periódicos, negociados y orgías del régimen caído eran revelados ruidosamente por la prensa.

Apenas las cosas volvieron a su cauce normal, aparecieron por la revista sus dos propietarios, con la arrogancia de ganaderos que tras semanas de ausencia vienen a inspeccionar sus tierras y mayordomos.

El gerente,

un engolado joven de buena familia,

que parecía vestido y peinado por la mamá y que tenía a toda hora en la boca y en la barbilla la expresión de quien acaba de chupar un limón, nos hizo formales reclamos por haber ordenado ediciones durante su ausencia.

«Han tenido éxito —reconocía—. Pero es una cuestión de principios.»

El loco Mac Gregor llegó, por su parte, más agitado que nunca, con sus arrugados trajes blancos y sus invariables lentes oscuros.

Sentimientos de culpabilidad debían de inquietarlo: todos los directores de diarios y revistas habían corrido riesgos durante los días en que la dictadura tambaleaba; muchos habían ido a la cárcel. El loco, en cambio, había vivido los acontecimientos de su país desde el Waldorf Astoria. Estaba empeñado en demostrar, con unas crónicas de estilo cabalístico,

que él estaba entre quienes manejaban desde Nueva York

los hilos de la insurrección.

«Se han cometidos errores», nos decía, adoptando un aire magnánimo.

Pero tras los lentes oscuros tenía la mirada huidiza del cajero de banco que ha cometido un desfalco.

Tampoco nos decía en qué consistían aquellos errores.

Ahora que había libertad, estaba empeñado en dar su opinión a propósito de todo. Descubría la posibilidad de escribir editoriales con la misma pasión otoñal con que un hombre maduro descubre tardíamente el sexo o el amor.

El problema es que no sabía escribirlos.

La incapacidad de expresar con claridad sus propias opiniones y la inseguridad que latía detrás de cada decisión que tomaba hacían que estallara de cólera por cualquier cosa. Temía que su ineptitud fuera descubierta.

Y como ocurre frecuentemente en nuestros países con burócratas, empresarios y ejecutivos, cubría su ineptitud con actitudes autoritarias.

Le enfurecía secretamente que durante su ausencia la revista hubiese resultado mejor que nunca. Celoso, hacía lo posible por limitar nuestra área de influencia, que en aquel momento era casi total.

«¿Saben cómo llaman en Caracas esta revista? —estalló un día—. La revista de la legión extranjera. No hay sino colombianos y vascos.»

Más tarde nos comunicó que había designado dos asesores venezolanos para escribir los editoriales y los informes políticos, y para asistir a los consejos de redacción de los jueves.

Los dos asesores tenían el mismo apellido, Herrera, pero provenían de opuestas familias políticas.

Robusto, risueño, satisfecho de sí mismo, con unos gruesos lentes con montura de carey en un rostro rozagante como el de un bebé, José (Cheíto) Herrera Oropeza pertenecía al partido de centro izquierda URD de Jóvito Villalba.

El otro asesor, un hombre esbelto, prudente, con un destello de humor en los brillantes ojos oscuros y un bigote y unas cejas de rotundo color negro como trazos de carbón,

se llamaba Luis Herrera Campins.

Tenía ya una posición prominente en el partido social cristiano COPEI.

(Nunca llegamos a imaginar con García Márquez que aquel asesor en suma simpático y cordial, aquel Luis Herrera que nos traía —a veces con retraso— sus informes políticos y se sentaba con nosotros todos los jueves a planear la revista,

sería con el tiempo presidente de Venezuela.)

Amigos de Ramírez Mac Gregor, los dos asesores lo llamaban por su nombre de pila, Carlos, y daban la impresión de oírle con respeto todas sus sandeces.

No obstante,

cuando en aquellos consejos de redacción, Mac Gregor,

haciendo una de las suyas, se ponía a temblar enardecido, a hablar solo o a repetir histéricamente la misma cosa diez veces, las miradas de los dos Herrara se cruzaban con las nuestras, con un humor cómplice.

Ambos sabían,

como lo sabíamos nosotros,

que Carlos, su estimable Carlos, estaba más loco que una cabra.

Sea que estuviese loco, o que se hiciese el loco, o ambas cosas a la vez, como lo sospecho, lo cierto es que Mac Gregor se nos estaba volviendo insoportable.

Un incidente relacionado con la visita de Nixon, entonces vicepresidente de Estados Unidos, a Caracas, precipitaría nuestra salida de la revista.

Nixon llegó aquel año en un momento muy poco propicio para su visita. Entre otras estupideces, el gobierno de Eisenhower había cometido la de condecorar a Pérez Jiménez, públicamente, delante de las cámaras de televisión,

poco tiempo antes de su caída.

El hecho, que el pueblo no había olvidado, había creado, no sólo en la opinión de izquierda, sino en la opinión de todos los sectores democráticos del país, un cierto sentimiento de hostilidad hacia la política norteamericana, hasta entonces solidaria con todos los dictadores del continente.

Cuando el auto de Nixon hacía su entrada en Caracas, muchachos venidos de los cerros del Guarataro, donde se albergaba en ranchos buena parte de la población marginal de Caracas, atacaron el vehículo con piedras y palos,

escupieron sus vidrios

y estuvieron a punto de linchar al futuro presidente de Estados Unidos.

Dramatizado en los primeros instantes por las agencias

noticiosas, el incidente estuvo apunto de producir una intervención de unidades de la flota norteamericana.

Aquel mismo día, Ramírez Mac Gregor nos envió una nota editorial sin firma, en la que se pedía humilladas excusas al gobierno norteamericano por un acto calificado de salvaje, producto de un pueblo primitivo.

A mí me pareció que, incapaz de reacciones reflexivas, el viejo había dictado aquella nota con su vehemencia y precipitación acostumbradas, sin darse cuenta de que resultaba insultante para su propio país.

Gabo llevaba su interpretación más lejos.

(Siempre, por cierto, he envidiado su aptitud para analizar comportamientos explorando las intenciones que los animan y descubriendo, si es el caso, manejos sutiles que a mí, más confiado e impulsivo, se me escapan.)

En este caso, la omisión de la firma le pareció que no era casual, ni inocente. El viejo, según él, quería congraciarse con la embajada norteamericana, pero se curaba en salud, en caso de que, como era presumible, la nota aquella fuese mal recibida en Venezuela. Podría decirse que no era suya, sino nuestra, la de los dos colombianos que manejaban la revista

y que se permitían dar lecciones de cultura y civilidad al pueblo venezolano.

Conociendo al viejo y las fragilidades de su carácter, aquella interpretación era factible. Así que, sin consultarle, pusimos al pie de la nota las iniciales de su nombre.

Cuando Mac Gregor encontró la nota firmada, su furor fue indescriptible. Estrujó el ejemplar de la revista y estalló.

Con él sólo estábamos en aquel momento Luis Herrera Campins y yo. Gabo no había llegado aún a la oficina.

Mac Gregor gritaba. Nosotros no éramos sino unos subordinados, no teníamos por qué modificar sus órdenes.

Herrera Campins callaba, incómodo.

Yo no aguanté más aquellos chillidos histéricos. Me levanté de la silla.

«Coma mierda», le dije al viejo.

Y me fui dando un portazo. En la escalera encontré a García Márquez que, retrasado, venía subiendo los peldaños de dos en dos.

«Gabo, acabo de mandar el viejo al carajo.»

Él tuvo una reacción instantánea:

«Ah, bueno. Yo también me voy.»

En la tarde, todos los redactores de *Momento* y la diagramadora de la revista habían renunciado en solidaridad con nosotros.

Muchos años después,

luego de que Ramírez Mac Gregor, muy de mañana, entrara precipitadamente en los servicios sanitarios de una clínica en Caracas, sacara un revólver y se matara de un tiro,

a uno de aquellos redactores que renunciaron solidariamente con nosotros, preguntándose las causas del suicidio, se le ocurrió escribir una barbaridad:

«Quizás desesperado de que su revista no lograra alcanzar el nivel de calidad que tuvo cuando la dirigían Gabriel García Márquez y Plinio Apuleyo Mendoza...»

En realidad, la muerte del viejo me conmovió: era un ser asustado que trataba de asustar a todo el mundo para cubrir su propio susto. Quizás por susto se mató.

Pero volvamos atrás.

Ramírez Mac Gregor todavía está vivo y nosotros nos hemos sentado en un restaurante del barrio de San Bernardino, El Rincón de Baviera, sin empleo, y después de todo felices de poder disponer por primera vez en Venezuela de nuestro tiempo

para recorrer librerías, para ir al cine, quizás para bebernos unas cervezas en La Caroreña con los muchachos del grupo Sardio (que adoran como nosotros el viejo Faulkner); quizás para ir, ahora sí tranquilos, a la playa.

Y ahora que lo recuerdo, no estamos solos en El Rincón de Baviera. Al lado de Gabo se ha sentado una muchacha morena, delgada como un alambre y con unos grandes, rasgados ojos oscuros que le brillan de risa al saber que estamos sin empleo.

He olvidado hablar de ella; he olvidado decir que es la esposa de Gabo, que Gabo, abriendo un paréntesis de tres días en el torbellino de aquellas semanas intensas, se ha ido a Barranquilla donde hacía muchos años lo esperaba su novia fantasmal y se ha casado con ella,

con el cocodrilo sagrado,

la muchacha morena que ahora se ríe, en El Rincón de Baviera, al saber que estamos cesantes.

Me resulta hoy difícil evocar a Mercedes tal como era entonces. Mercedes es hoy una mujer tranquila y madura que asume muy bien la celebridad de su marido y que parece contemplar el mundo sin sorpresa,

como se mira caer la lluvia.

Hay en ella una sabiduría que pertenece a nuestro mundo del Caribe, resultado quizás de etnias ancestrales, de un largo manejo de la realidad, de curtidos matriarcados consagrados a poner orden

(el tiesto de orégano en el patio, la ropa limpia y planchada, la leche hirviendo en las cocinas),

allí donde los hombres siempre ilusos, siempre pueriles y violentos, introducen con guerras, disputas, ambiciones, derroches y parrandas, su inmemorial desorden.

Mercedes me resulta parecida a los personajes femeninos que en los libros de García Márquez, sosteniendo a pulso la vida de todos los días, garantizan la continuidad de las estirpes.

Ella representa en la vida de Gabo un eje esencial: ella protege al Piscis desamparado cuyas secretas tensiones y ansiedades le han hecho florecer una úlcera en el duodeno y comparte con el Tauro seguro los vinos y las ostras de la mundanidad, al lado de otras celebridades, sin dejar, pese a todo, de ser

la muchacha de Magangué, la ciudad de la costa donde nació.

Sé que a ella no le gusta verse representada con una majestuosa imagen matriarcal, y tiene toda la razón. Mercedes tiene poco de madre sublime. Dicha imagen confisca arbitrariamente su lado femenino, travieso, divertido. El lado que me permitía, cosa que yo no haría con Gabo, contarle mis funestos enredos con señoras frívolas,

hablarle de los cuernos que me ponen a veces inevitablemente,

chismes que Mercedes recibía con las pupilas brillándole de risa y de maldad, y con una complicidad de leal comadre.

Tal es hoy la consistencia de su imagen, que yo no llego a comprender cómo ella y la muchacha frágil y asustada que Gabo se trajo de Barranquilla a Caracas,

son la misma persona.

Recuerdo que tres días después de haberla conocido le dije a mis hermanas: «Gabo se casó con una esfinge.»

Porque en tres días no soltó una sola palabra.

La culpa, claro, la tuvo mi familia locuaz: todo el clan, encabezado por mi padre, se vino al aeropuerto de Maiquetía para recibir a Gabo y a la muchacha con quien se había casado.

Era la primera vez que ella salía del país, la primera vez que dejaba su mundo familiar para encontrarse en una ciudad ruidosa y desconocida, en medio de una tribu familiar que le hablaba al tiempo, atropelladamente, sin darle tiempo a contestar.

Lo que vi al lado de Gabo fue una muchacha morena y esbelta, con ojos de venado, oscuros, ariscos, que no decía una sola palabra. La recogíamos y la depositábamos en la pensión, la llevábamos a almorzar, y aquella huelga de silencio proseguía alarmante.

A los tres días, habló, al fin. Era un domingo, estábamos en un club del litoral matando despacio las horas de la tarde, Gabo y yo con un vaso de coñac en la mano disfrutando, desde la penumbra muy fresca, de la luz del mar y de la brisa tibia que movía las hojas de los almendros.

De pronto, por decir algo, les pregunté si ya estaban seriamente entregados a la tarea de fabricar un niño.

A Mercedes, por primera vez, los ojos de venado le brillaron de risa.

—Sí —dijo, rompiendo para siempre el hielo de aquellos tres días—. Y tú vas a ser el padrino.

Desde aquel día fuimos compadres: antes de que encargaran a la criatura, antes de que Rodrigo naciera y lo bautizara Camilo Torres y, desde luego, mucho antes de que Rodrigo aprendiera a caminar y fuera conmigo a espiar las ardillas del Central Park, en Nueva York.

Como compadre futuro, compartía con ellos desayuno, almuerzo y cena en aquel apartamento de San Bernardino que tomaron en alquiler y que sólo contenía lo indispensable. Siempre recordaríamos con Gabo cómo fuimos víctimas de los primeros experimentos culinarios de Mercedes. El primer arroz de su vida se le ahumó; su olor debió de impregnar el barrio entero: en todo caso lo sentimos al bajarnos del auto y todo terminó en medio de risas en aquel restaurante, El Rincón de Baviera,

donde ahora estamos, cesantes.

No lo estaremos por mucho tiempo, desde luego. Me bastará hablar con un magnate de la prensa venezolana, hoy desaparecido, Miguel Ángel Capriles. Parpadeando apenas sobre el humo de su eterno cigarro, Capriles contrata a todo el equipo de periodistas que había salido de *Momento*.

Como el nombre de García Márquez no le decía nada, Capriles lo designa secretario de redacción de la menos prestigiosa de sus revistas, *Venezuela Gráfica*, que todo el mundo conoce como «Venezuela pornográfica»: siempre trae grandes fotos en colores de muchachas de la farándula, muy ligeras de ropa.

La dirige un catalán elegante y cínico, de ojos verdes y pestañas rizadas, llamado Galofré, cuya divisa afirma con enérgica tipografía en un cartel colgado sobre su cabeza, en la pared:

«Las tijeras son más rápidas que la mente.»

A Galofré le encanta saber que García Márquez no tiene, como en *Momento*, ninguna intención de firmar sus artículos. Galofré se atribuye la paternidad de ellos, tranquilamente, guiñándole un ojo con la simpatía sin remedio de todos los vivos de este mundo.

Por mi parte, quedo encargado de escribir editoriales en el nuevo vespertino *El Mundo* y debo prestar mi asesoría a una revista femenina llamada *Páginas*. Los demás redactores de *Momento* quedan desperdigados en diversas publicaciones de la cadena,

con lo cual el equipo tan laboriosamente formado

corre con la suerte de un buen automóvil que es desmontado para que sus piezas sirvan de repuesto a otros vehículos.

Aquel año tan tumultuoso lo vivió Venezuela en la calle, movilizándose cada vez que se olía en el aire la amenaza de un golpe militar.

La campaña electoral llenaba las plazas y echaba a la calle, todos los días, caravanas de automóviles con banderas blancas, verdes, amarillas o rojas, colores distintivos de los diversos partidos políticos.

Gabo se interesaba en todo este proceso político, pero sigilosa, casi clandestinamente, trabajando de noche, en su apartamento de San Bernardino, estaba escribiendo un libro de cuentos, que sería más tarde *Los funerales de la Mamá Grande*

Nadie, en Venezuela, lo conocía como escritor, con excepción de los muchachos de un grupo literario llamado Sardio y en especial uno de ellos, García Morales.

Cuando *El Nacional* abrió aquel año su tradicional concurso de cuentos y al mismo tiempo un concurso de reportajes, tuve una idea:

«Gabo —le dije—, vamos a ganarnos esos dos concursos.»

A Gabo no le pareció mala la idea.

Aprovechando los días libres de la Semana Santa, escribió de un jalón *La siesta del martes*, que aún hoy sigue considerando el mejor cuento que haya escrito jamás.

Por mi parte, escribí el mejor reportaje de mi vida: una especie de biografía novelada del secretario general y fundador del partido comunista venezolano, Gustavo Machado, un hombre encantador, en nada parecido a los desabridos burócratas del partido en otras latitudes,

que una y otra vez se sentó a conversar conmigo en su oficina, robándole tiempo a la intensa campaña política adelantada entonces por su partido. En total, nuestras conversaciones debieron abarcar unas treinta horas, durante las cuales iban adquiriendo forma y color sus más lejanas experiencias,

la vieja casa aristocrática de la familia Machado,

los andinos acampando en la plaza de Bolívar,

Gómez, la cárcel de la Rotunda donde entró por conspirar a los trece años, su fuga en una goleta, la Rusia de los años veinte, Sandino, la toma de Curazao, el desembarco en Venezuela al frente de una caótica expedición, su huida a través de los páramos de Colombia, etc.

Cuando los resultados de los dos concursos fueron publicados, descubrimos con Gabo, sorprendidos, que no aparecíamos siquiera entre los veinte nombres mencionados detrás de los finalistas.

Desde luego, ni el cuento ni el reportaje premiados eran buenos. El cuento tenía los efectos espasmódicos y la retórica modernista muy en boga en la literatura venezolana de entonces, de la cual *El Nacional* era un vocero. El reportaje era una opaca monografía de un pueblo de los Andes.

Los dos jurados estaban presididos por Miguel Otero Silva.

Muchos años después,

cuando García Márquez era ya famoso tras publicar *Cien años de soledad*, Miguel Otero Silva lo invitó a su castillo en Italia, en Arezzo. Yo lo acompañé.

Pasamos allí algunos días. Recuerdo las quejas de los búhos, en la noche, y en la noche también, el viento silbando en los cipreses y las maderas crujiendo dentro de la casa y un fantasma llamado Ludovico que aparecía, según Miguel, en la alcoba ocupada por mí.

Recuerdo el verano aquel, la luz de Toscana, los muchachos vestidos con luminosos trajes medievales preparándose en la vieja plaza de Siena para la fiesta del Palio; las rosas florecidas en los viejos muros de piedra, los oscuros y altos cipreses en el esplendor de las colinas,

el portentoso pollo hervido en hierbas aromáticas a la hora del almuerzo,

y en grandes copas ventrudas de baccarat un cóctel de champaña con trozos de melocotón,

receta de Miguel.

Miguel, ahora amigo de Gabo como lo era tiempo atrás de Pablo Neruda y de Miguel Ángel Asturias, fue una institución latinoamericana. Y una paradoja, además.

Escritor, periodista, poeta, humorista, hípico, a veces candidato al senado en las planchas del partido comunista y no obstante, millonario

(en su casa del barrio de Sebucan, en Caracas, a orillas de la piscina, se levanta una de las siete copias del famoso *Balzac* de Rodin),

era un hombre simpático y desenvuelto y generoso, y siempre, un excelente anfitrión.

Aquella vez, en su castillo de Arezzo, mientras bebíamos el cóctel de champaña con melocotón (y afuera, en la viva luz crepuscular del verano, sobre los cipreses de Toscana, volaban rápidas golondrinas),

recuerdo haberle hablado a Miguel Otero Silva de la vez que conoció a García Márquez.

No era, como él creía, en Caracas, cuando Gabo asistió a la entrega del premio Rómulo Gallegos ganado por Mario Vargas Llosa con *La casa verde*. Había sido en París, muchos años atrás, una noche de invierno cuando García Márquez era todavía un escritor flaco y desconocido y con la pobreza brillándole como una insignia en las solapas del traje.

Estábamos en un bar de la rue Cujas, quizás resolviendo el problema de la comida con un sándwich de jamón y una cerveza, cuando apareció por allí nuestro viejo amigo Nicolás, Nicolás Guillén,

con Miguel Otero.

A Miguel lo conocía yo. Siendo todavía muy joven, en París, le enviaba corresponsalías políticas a *El Nacional*.

A Gabo, en cambio, él no lo había visto nunca.

Dándose cuenta de que era costeño, mientras bebíamos de pie, en la barra del bar, una cerveza, dijo que nuestros países, Colombia y Venezuela, habían quedado mal partidos.

Eran como un pan que no se supo cortar bien,

pues la costa, la costa colombiana, debía haber sido de Venezuela y los Andes venezolanos de Colombia. Así habríamos tenido un país enteramente andino y otro caribeño.

Gabo encontraba que aquello tenía su lógica.

Miguel acabó por invitarnos a todos a cenar en el Pied de Cochon, el famoso bistrot abierto toda la noche en el ombligo del viejo barrio del mercado, en Les Halles, donde uno encontraba entonces, bebiendo una copa en la barra, robustos carniceros con sus delantales salpicados de sangre y hombres y mujeres vestidos de etiqueta llegando de alguna *soirée* mundana,

y los inevitables, fatales músicos que pasando de mesa en mesa, con sus violines y guitarras, le cantaban *Santa Lucía* a los italianos

y *Cielito lindo* a los latinoamericanos. Para cambiar.

Aquella noche se habló del informe Kruschev al XX Congreso del Partido Comunista del grave problema de todos los poetas comunistas que ahora debían tragarse sus vibrantes poemas a Stalin.

(Nicolás hablando de aquello: quién iba a pensarlo, quién lo pensaría hoy, dueño luego en Cuba de una ortodoxia cultural que condenó al silencio y al olvido, si no a peores cosas, a los artistas herejes.)

A la hora de pagar, Miguel sacó su billetera:

«Deja que un poeta rico invite a un poeta pobre», le dijo a Nicolás. Con mucha simpatía, por cierto.

Miguel no recordaría nunca a su tercer invitado de aquella noche,

al muchacho costeño que estaba con nosotros,

flaco, pálido, mal vestido, mal afeitado, disfrutando por una vez de una comida completa y caliente,

tan parecido a todos los flacos, pálidos, mal vestidos, mal afeitados poetas y cuentistas de su propio país que revoloteaban en torno suyo llevándole poemas y cuentos; poetas, cuentistas en ciernes, que pasan y pasan, a lo largo de los años, sin dejar huellas en la memoria, y a los cuales, casi siempre,

la vida se los lleva al carajo.

De aquel García Márquez nunca se acordaría Miguel. Del cuento suyo —el mejor que haya escrito— enviado al concurso de *El Nacional*, tampoco. Y de mi reportaje, menos aún.

Pero ahora las cosas habían cambiado, y todo resultaba muy lindo en aquel castillo de Arezzo: Gabo era famoso, las golondrinas volaban en la luz crepuscular del verano

y el cóctel de champaña con melocotón era sencillamente sublime.

El arte es un hipódromo donde no se le apuesta sino a los que han cruzado victoriosos la línea de llegada.

Así lo haga muy bien, el escritor debe a veces correr largos tramos solo, sin apuestas a su favor. Nadie le concede *a priori* ninguna opción, y con frecuencia,

aun después de haber escrito dos buenos libros, nadie sigue concediéndosela, con excepción de sus cercanos amigos, de algunos lectores,

de algún solitario crítico con olfato.

A editores y libreros un escritor todavía no conocido les dice muy poco. Sometido a las leyes del mercado, el libro es una mercancía que sin promoción no se vende. Editores y libreros necesitan invertir en etiquetas confiables, vendibles, sin correr mayores riesgos.

Con excepciones que confirman la regla, la sola calidad no hace necesariamente el milagro; debe ser descubierta, pregonada, reconocida. Y eso lleva tiempo.

La conjura de indiferencia y silencio no tiene, por fortuna, hoy en día, un carácter absoluto. Allí donde existe la libertad de expresión, la recompensa, para lo bueno en el arte, llega, tarde o temprano.

Casi siempre más tarde que temprano, pero llega.

Entretanto, el buen artista debe vivir, durante años que lo marcan profundamente, con esa agria señora, la injusticia. Debe confrontar la íntima valoración de sí mismo con la pobre valoración que de él se hacen los otros.

Debe afrontar en silencio la indiferencia general.

Allí, el editor frío y siempre desbordado de trabajo dejando apolillar un manuscrito en algún cajón o devolviéndolo sin haberlo leído con rutinarias disculpas de tres líneas escritas en mimeógrafo.

Allí, el escritor ya consagrado o el crítico famoso dejando resbalar distraídamente la mirada por las primeras líneas de la obra y despachándola con un tibio «no está mal».

Allí, la pareja elegante que gusta rodearse de artistas invitándolo a usted a una recepción en su casa, para dejarlo olvidado, perdido, mirando los libros en el cuarto de estar mientras la fauna mundana rodea a la celebridad de turno, al valor seguro, consagrado,

al que cruzó ya la raya de llegada.

Quizá lo que usted haya escrito o pintado (juzgado apenas promisorio) no le permite a la pareja elegante pasar por alto todavía su pinta de andino o de costeño,

su infortunada corbata de poliéster, sus pelos ariscos, el mal disimulado estupor con que usted observa el juego de cubiertos de plata puestos delante suyo, en la mesa,

sin saber cuáles, carajo, son los del postre, cuáles los del pescado.

Algo en usted es todavía de medio pelo, lobo, corroncho o guachafo, no del todo compatible con la cristalería y los *décolletés* de la dueña de la casa.

De pronto, algo ocurre al fin.

De pronto, un libro suyo, una exposición exitosa, quiebra al fin la triste cáscara de indiferencia; de pronto, sin saberlo, ha cruzado la línea de llegada, su foto está en todos los periódicos; tocadas por la varita mágica del hada madrina, las calabazas se convierten en carrozas, los ratones en caballos y el traje de ceniza y remiendos, que vestía usted en la humilde cocina de su vocación,

florece en sedas y oropeles.

Todo ha cambiado.

Allí, el editor o el propietario de la famosa galería, en otro tiempo tan distante, se muestra repentinamente interesado en todo lo que usted está haciendo, y en el restaurante de cuatro estrellas al que lo ha invitado,

en París, Nueva York o Madrid,

con un gran plato de caracoles sobre la mesa y un buen vino blanco de Borgoña, muy frío.

«Maestro —le dice, luego de cambiar dos palabras cómplices, de entendido, sobre el Borgoña, seco y nada *fruité*—, cuénteme qué nos está preparando ahora.»

Allí, el escritor ya célebre que dejaba resbalar sobre su manuscrito una mirada distraída, convertido en colega y en generoso anfitrión.

Allí, el crítico, tan ajeno a todo lo suyo, descubriendo ahora en su obra insospechados simbolismos, soledades metafísicas, obsesiones tenaces, mensajes codificados, bíblicas analogías, lecturas secretas, angustia contemporánea, dolorosas parábolas de la condición humana.

Allí, los profesores universitarios, como los arqueólogos que buscaran bajo tierra la vértebra de un mamut, desenterrando notas y artículos suyos escritos en remotos periódicos de provincia.

Allí, la pareja de mecenas elegantes, que lo dejaban a usted olvidado en cualquier rincón de su casa, la noche de una fiesta, convocando toda la fauna mundana, sacando a relucir su mejor vajilla en una recepción ofrecida en su honor y recordando

que son viejos y tiernos amigos suyos, los primeros en haber olfateado en un cuento, en un dibujo visto alguna vez al azar, todo su talento;

y tanto lo repiten en todas partes que llegan a creérselo ellos mismos.

Todo ha cambiado.

Cenicienta, ahora convertida en princesa real, usted no ha conseguido olvidar en la zona más recóndita de su ser el humo y las durezas de su triste cocina. Sangran aún por dentro los desdenes sufridos y ahora que todo le sonríe algo secreto, inevitable, profundo, exige una reparación,

un ajuste de cuentas.

El desquite.

Por algún motivo, en rancheras y tangos —estas dos expresiones profundas de una sensibilidad popular latinoamericana— el tema del desquite aparece de manera reiterativa.

Es una realidad de nuestro cambiante mundo, de bastardas jerarquías, donde a veces los buhoneros de ayer, los cocheros, los mayordomos de fincas, los comerciantes en telas, los evadidos de Cayena —para no hablar de nuestros remotos abuelos, marineros de fortuna, ex presidiarios de Cádiz— dejaron la semilla de los ricos, de los poderosos, de los arrogantes de hoy.

En nosotros, latinoamericanos, el poder y la riqueza, vengativamente asumidos,

lastiman casi siempre, producen llagas secretas, que a su turno determinan comportamientos también vengativos: éstos afloran cuando el humillado de ayer se ve sorpresivamente mimado por las hadas de la fortuna.

En los artistas que triunfan, este sentimiento se ve exacerbado aún más por el desprecio con que su actividad era mirada, antes de que ella asumiera el único valor respetable para la clase dirigente: su valor mercantil.

La brutalidad de las relaciones de clase, entre nosotros; el comportamiento dual de la burguesía frente al artista: de desprecio o adulación, según el talento sea o no capaz de producir dinero

(única norma confiable de valoración),

hacen que en el artista el triunfo venga acompañado casi siempre de sangrantes y secretos propósitos de desquite.

El desquite estará ahora en todo lo suyo:

en la velocidad que lleva su tren de vida: en las camisas, en los autos, en los abrigos de pieles que compra; en las ostras, el caviar, los hoteles y restaurantes de cinco estrellas, que elige,

desde luego,

pero también en los rechazos y desaires que inflige a editores o *marchands de tableaux*, en su afán de hacerles pagar hasta el último centavo, sin dejarse ablandar el corazón por la llama cordial que ahora arde en sus palabras, ni por sus propuestas

rociadas con vino de Borgoña.

Con la desdeñosa burguesía de ayer, el desquite asume formas más sutiles. Cerrarle simplemente la puerta en las narices sería un ajuste de cuentas demasiado abrupto, demasiado simple, para nada gratificador.

No sería desquite, en otras palabras.

Se aprecia mejor el camino recorrido desde los duros tiempos marcados por el desdén y la pobreza, cuando uno entra, sin concesiones,

o sin creer que las está haciendo,

en el mundo que antes sólo le era dable contemplar desde la calle, como se contempla refulgir el oro en la vitrina de una joyería.

Abanica el ego en otros tiempos maltratado saber que esa clase se afana ahora en torno de uno, que sus códigos se aprenden fácilmente y a veces mejor (la temperatura de los vinos, la frescura de un salmón, el color de las cortinas); que los objetos y prendas que la identifican al fin y al cabo se adquieren con dinero

en cualquier faubourg Saint-Honoré.

Muy pronto se aprende que un reloj Cartier, o un reloj Hermes, una joya comprada en Van Cleef o en Tiffanys, una maleta Louis Vuitton, una bufanda o un paraguas inglés inspiran en esa clase más respeto que cuadros o novelas.

La nuestra es una burguesía en la etapa todavía mercantil, no olvidarlo. Es un vino aún fresco, no ha tenido tiempo de refinarse, generación tras generación, como las viejas dinastías burguesas de Europa,

escuchando a Mozart en festivales de Salzburgo,

asistiendo a temporadas de ópera en la Scala de Milán,

admirando cuadros de Goya o Zurbarán en museos y castillos,

visitando anticuarios, pagándose a veces el lujo de financiarle una sonata a un compositor pobre, heredando de abuelas cuadros, jarrones, una cómoda Luis XV.

Culturalmente paupérrima, la burguesía latinoamericana produce hombres de negocios, políticos, buenos polistas, buenos campeones de golf, equitadores y memorables jugadores de bridge,

pero casi nunca un artista.

Así sabiéndose carente de títulos culturales propios, dueña de una información superficial pescada en revistas,

en viajes relámpagos a Nueva York o a París (¿viste a Nureyev?), dueña de cuadros comprados al pintor de moda, esa clase dirigente nuestra se siente gratificada cuando logra sentar a su mesa a una celebridad artística

(su foto salió en *Times*, ¿sabes?).

El artista lo sabe. Su desquite íntimo consiste esencialmente en utilizar con vengativo capricho su presencia en el ámbito del alto mundo social como una especie de dádiva, que a veces se otorga

y a veces se rechaza.

Naturalmente que la cohabitación con este mundo implica riesgos. ¿Qué es cierto en él? Mundo de representación, mundo que conjuga mejor el verbo tener que el verbo ser, mundo artificial donde todo se simula, hasta el amor, uno corre en él el riesgo de una mariposa fascinada por

el resplandor de una llama.

Empujado por la celebridad o para decirlo más redondamente, por la gloria, hacia estos parajes sofisticados, García Márquez tiene dos defensas para salir de ellos indemne: sus amigos y sus opciones políticas, tan lejanas de la burguesía como el África ecuatorial de los polos.

Pese a ello, la interferencia inevitable de este mundo en su vida contiene, a mi modo de ver, riesgos de distorsiones en su manera de actuar y pensar.

Con sus viejos amigos, él se ha esforzado lealmente por impedir que esa dama llena de humos y collares, la celebridad, se siente entre él y ellos. Y sus amigos —no hablo de los recientes— hacemos otro esfuerzo análogo.

Personalmente hago todo para que Gabo siga siendo una prenda de lavar y planchar, que uno puede colocar con la ropa de todos los días, y no como un traje de ceremonia destinado sólo a las grandes ocasiones.

4

Estamos de nuevo en Caracas, todavía jóvenes: él con treinta años y yo con veinticinco, viendo desde un apartamento de las colinas de Bello Monte, en la clara luz tropical, los automóviles que circulan veloces por la autopista del este, con banderas cubanas flotando al aire.

Es el primero de enero de 1959. Batista ha caído, la revolución ha triunfado. Todo Venezuela celebra el acontecimiento como propio. Nosotros también, desde luego.

Hemos seguido de cerca todo aquel proceso de Cuba, desde aquella remota tarde en que sentados en el cuarto de Nicolás Guillén, en París, le oímos decir: «Hay un abogado, un muchacho medio loco...»

Algunas mañanas, desde nuestros respectivos cuartos, oíamos la voz sonora del poeta llamándonos a gritos desde la calle:

—¡García Márquez! ¡Plinio!

Asomábamos la cabeza por la ventana (nuestros hoteles estaban el uno frente al otro) y abajo, en la bruma de la rue Cujas, veíamos un abrigo oscuro, una cabellera blanca, despeinada: el poeta.

—Los muchachos se le metieron a tiros a Batista. ¡En el propio palacio presidencial! —gritaba, haciendo una bocina con las manos.

Como periodistas, hicimos todo cuanto estaba a nuestro alcance para suscitar la adhesión a esta lucha contra Batista. Gabo entrevistó en Caracas a Emma Castro, hermana de Fidel, que venía a recoger dinero para el 26 de julio. Yo, a Manuel Urrutia, designado ya presidente del futuro gobierno revolucionario. Oíamos en las noches la radio rebelde.

Sentíamos que algo grande se estaba produciendo en Cuba.

Así que aquella tarde del primero de enero hervíamos de júbilo. Como toda la América Latina. Después de una década de dictadores, de exilios, de flagrantes atropellos como el cometido en Guatemala contra el gobierno de Arbenz, veíamos por primera vez una guerrilla popular derrotando a todo un ejército.

Sentados en la terraza, mirando correr los autos con banderas cubanas, no sabíamos entonces hasta qué punto iba a ser de estrecha nuestra vinculación con la Cuba de aquellos tiempos.

Antes de quince días estaríamos en La Habana.

Imágenes de aquel viaje, que uno agita como peces de colores con sólo hundir la mano en las aguas de la memoria.

Estoy en mi cuarto, trabajando. De pronto, la voz de Gabo en el teléfono: «Mete dos camisas en una maleta y vente. Nos vamos para Cuba invitados por Fidel.»

Conducido por un piloto que regresa del exilio después de haber trabajado en Caracas como locutor de radio, el avión es un aparato militar, viejo, frágil como un juguete de hojalata, pintado de un verde irrisorio y con las sillas desfondadas. Sacudido por una tormenta del Caribe, a la altura de Camagüey, avanza entre relámpagos azules y latigazos de lluvia.

Los periodistas venezolanos que viajan con nosotros beben y hacen bromas ruidosas como muchachos bamboleados por un carrito de feria.

Gabo, que le tiene todavía al avión un terror patológico, está verde.

«Espera que te cases y verás cómo es la vaina», me dice sombrío, casi rencoroso.

Artesonados, bañeras de mármol, piscina con parasoles, bares oscuros y glaciales donde se bebe un daiquiri con mucho hielo, el hotel Riviera parece hecho para los millonarios de otros días,

venidos de Florida en busca de putas y garitos;

pero La Habana, ahí afuera, crepitante de sol y de calor, es un hervidero de banderas rojas, de consignas revolucionarias, de multitudes en fiesta, de barbudos comandantes, de goajiros con sombreros de paja y fusil y uniformes descoloridos por los soles y las lluvias de la Sierra Maestra.

Sentados en los sillones de terciopelo rojo del palacio que apenas tres semanas atrás albergaba a Batista, indiferentes a los mármoles, a las arañas de cristal, a los espejos con labrados marcos dorados donde se refleja la luz de las altas ventanas, fatigados combatientes con el pañuelo rojo y negro del 26 de julio al cuello, encienden un cigarro

o dormitan con el fusil descansado entre las piernas.

Todo el mundo entra al palacio como si fuera su casa.

En las escaleras, atestadas, cruzamos al Che Guevara y a Camilo Cienfuegos que suben con un alegre grupo de soldados del ejército rebelde.

—A esos hijos de puta habría que fusilarlos —le oímos decir a Camilo al pasar.

Nos hemos sentado en un frágil andamiaje de madera, junto a la tribuna, acribillada de micrófonos, que minutos después ocupará Fidel, de espaldas al palacio presidencial y frente a una compacta rugiente y coloreada multitud de un

millón de personas que invade la explanada hasta el malecón. Fuera, toda la ciudad es un desierto.

De repente, en lo alto, sobre los tejados, el brillo al sol de
un abejorro metálico, sus aspas que rasgan el aire. La multitud se agita delirante, mientras crece el ruido del helicópte-
ro y un inmenso rugido de dinosaurio se alza bajo las palmeras:

—¡Fidel! ¡Fidel!

Hay como un oleaje de tormenta, un movimiento sísmi-
co de aquella monstruosa multitud hacia el débil cordón de
milicianos que protege la tribuna.

—Si pasan, esta vaina se desploma —le digo a Gabo,
alarmado.

Movidos por un repentino, ignominioso instinto de
conservación, nos descolgamos de aquella tribuna como
monos de la rama de un árbol y corremos hacia el palacio
presidencial.

Apenas enseñamos nuestras credenciales de periodistas,
nos abren las enrejadas puertas. Dentro, en una pantalla de
televisión, vemos por primera vez a Fidel, que se dispone a
hablar.

Fidel, en primer plano, frente a una selva de micrófonos:
sus ojos vivos, inquietos, ajenos al delirio que hierve ahí
abajo; sus gestos, sus ademanes, la manera como se rasca la
barba, como se pone la gorra y se la vuelve a quitar, como
avanza hacia los micrófonos una mano que retira al instante,
todo en él es móvil, febril, alerta, como recorrido por ondas
eléctricas.

Viéndolo, un hombre maduro y silencioso, con una
blanca blusa de médico, que se encuentra a nuestro lado,
aparta su cigarro de la boca y en un susurro, como hablando
consigo mismo, exclama sombríamente:

—¡Pobre Cuba, en manos de este payaso!

Gabo y yo miramos con risueño escándalo. Siempre hemos pensado que aquel hombre debió de ser el primero en marcharse hacia Miami.

Pero su caso es una excepción. Todo el mundo en aquel momento es fervorosamente fidelista. Hasta las putas. No sólo las estridentes mulatas que llaman a los peatones a gritos («Oye, papi, ven acá») desde las ventanas y puertas del barrio Colón,

sino las bellas putas de lujo de La Habana de entonces, de cinturas de avispa y amplias caderas, mujeres ceñidas, perfumadas, resplandecientes, que uno encuentra en los bares de la Rampa, en el Capri o el hotel Nacional,

donde todavía flota en el aire el aroma de los cigarros y del dinero gastado a manos llenas, y el rumor de las ruletas de la noche, girando.

Las putas nos rodean al ver en nuestras solapas las credenciales de periodistas venezolanos (el país que ayudó con armas al triunfo de la revolución), y en vez de aceptarnos un whisky,

nos lo ofrecen ellas,

hablando al tiempo con sus claras, altas, vibrantes voces cubanas.

En la penumbra de acuario de El Mambo, en la carrera de Rancho Boyeros, se sientan en altas butacas setenta mujeres muy bellas y también allí se produce el mismo revuelo de sedas y gritos en torno nuestro.

Las putas nos llevan hacia otra mesa donde encontramos, también rodeado de mujeres, nada menos que a Errol Flynn, el actor de cine de los matinales de mi infancia, que yo veía,

florete en mano,

batiéndose con los piratas en el puente de un velero.

Hablamos con él en francés: mierda, también Flynn es fidelista.

Todo el mundo. Fidel es la libertad.

Pero en medio de este carnaval de la revolución triunfante, como notas oscuras que hicieran contrapunto al tema vibrante de una sinfonía, tribunales revolucionarios juzgan sumariamente y envían al paredón a agentes batistianos, atrapados aquí y allá.

Colegas nuestros que vienen de las provincias del centro y de oriente han visto, en plazas y cuarteles de perdidos caseríos hirvientes de sol, en medio de los cañaverales,

docenas de fusilamientos.

El inspector de policía de Santa Clara, un hombre pequeño, robusto, de pelo gris, se ha quitado tranquilamente el sombrero delante del pelotón de fusilamiento compuesto por jóvenes barbudos, y antes de que suene la descarga, ha gritado:

—Ahí tienen su revolución, muchachos. No la pierdan.

A nosotros, a García Márquez y a mí, nos corresponde presenciar como a muchos otros periodistas el juicio de Sosa Blanco en el estadio deportivo de La Habana.

En situación de espectadores privilegiados, por cierto. Gracias a Venezuela, a nuestra condición de periodistas venezolanos, que no sólo funciona con las putas, sino también con las autoridades revolucionarias.

En el centro del enorme estadio cubierto, bajo la luz de reflectores que llueve con violencia desde lo alto, hay un cuadrilátero rodeado de escalonadas tribunas atestadas de gente.

En el centro del cuadrilátero, sentado en una silla, está el reo. Y a sus pies, García Márquez y yo. Delante, un tribunal de barbudos en uniforme.

El reo, Sosa Blanco, es un coronel del ejército regular acusado de haber dado muerte a varios campesinos, considerándolos cómplices del ejército rebelde, en una población llamada el Oro de Guisa.

Gabo y yo hemos conocido ya, en nuestro propio país,

en las épocas de la violencia, coroneles como éste operando en zonas guerrilleras. Alguna vez, como periodistas nos hemos encontrado delante de sus ojos amarillos, de sus mandíbulas azules, de sus uniformes de fatiga,

pequeños césares despóticos, impunes, en sus guarniciones remotas, para quienes cualquier campesino anémico es un enemigo potencial, un solapado cómplice de las guerrillas, al que en nombre de su guerra se le puede intimidar, maltratar, torturar o matar si es necesario.

Pero ahora nos encontramos frente a uno de ellos, y precisamente delante de un tribunal revolucionario que lo juzga y que casi con toda certeza lo enviará al paredón quizás aquella misma madrugada.

Solamente que el férreo coronel de otros días se ha convertido ahora en un hombre modesto y triste, con esposas sujetándole las muñecas, vestido con un tosco overol azul en cuya parte trasera hay una gran «P» blanca

(«P» de prisionero)

Un hombre pequeño y de espesas cejas oscuras, parecido al pintor Joan Miró, con las manos esposadas colgándole entre las piernas y los ojos tristes fijos en la punta de sus zapatos,

unos mocasines italianos.

No puede alzar la vista, porque si lo hace redoblarán las risas, los gestos, los gritos obscenos de la multitud («¡Vuela, Sosa, vuela! ¡Si no vuelas, mañana te cortarán la cabeza!»); una multitud que bebe cerveza y come bolsas de papas fritas.

«Es el circo romano», le oiremos decir a Sosa en voz baja, de pronto, paseando por aquella multitud una mirada absorta, distante: la mirada con que se contemplan a veces los horizontes marinos.

Y sonríe. Con tristeza.

(El esbirro batistiano sonríe cínicamente, dirá el locutor de la televisión.)

Delante de él, convocados por el fiscal, Sorí Marín, un oficial rebelde cuyo pelo negro y largo, resbalándole sobre los hombros, tiene sorprendentes ondulaciones femeninas, desfilan toda suerte de testigos.

Testigos aplastantes, a veces, como esta mujer campesina, vestida de negro, de un negro férreo, semejante a una figura de la tragedia griega: recuerda haberse puesto de rodillas delante del coronel Sosa rogándole que no matara a sus hijos,

los hermanos Agramonte.

Inútilmente.

Testigos sospechosos: un sargento del ejército regular que cuadrándose militarmente repite contra su antiguo superior una letanía de acusaciones aprendida de memoria.

Testigos pintorescos como este campesino que confunde a Sosa Blanco con otro oficial de Batista.

—Yo vi cuando Mero Sosa...

—Se recuerda al testigo que el acusado no se llama Mero Sosa, sino Sosa Blanco.

—Bueno, eso es la misma cosa.

Una explosión de risa estalla en las galerías. El testigo, desconcertado, acaba por reírse también.

Vestido con un uniforme beige que contrasta con los uniformes verde oliva del tribunal, el abogado defensor, un capitán del ejército regular, ha defendido en otros tiempos en los consejos de guerra a guerrilleros fidelistas. Su alegato es agudo como un escalpelo, y jurídicamente, al parecer, invulnerable:

la pena de muerte, inexistente hasta entonces en Cuba, no puede aplicarse retroactivamente para sancionar delitos cometidos antes de ser promulgada.

Aquel discurso remueve al leguleyo que todos los colombianos llevamos dentro y su reverente respeto por la ley escrita, así como nuestra admiración por la forma, pues el capitán ha hablado bien, con frases exactas y elegantemente cortadas.

—A este tipo en Colombia lo habrían sacado en hombros —le digo a Gabo.

Pienso que, después de tal defensa, alguna espina jurídica puede haberles quedado a los miembros del tribunal, cuando éstos se retiran a deliberar.

Es ya una hora avanzada de la madrugada. Fuera del estadio, La Habana palpita vertiginosa y tibia, con sus lentejuelas de luz ciñendo el flanco de la bahía, con sus orquestas latiendo suavemente en la última hora de los cabarets, con sus muchachas de la vida desnudándose en la oscuridad, dispuestas para todos los juegos del amor y con los vendedores de café y de melones en las esquinas de la ciudad,

mientras el triste, fatigado coronel, al lado nuestro, continúa mirándose la punta de los zapatos, seguro de que al amanecer será condenado y probablemente fusilado en la Cabaña,

al salir el sol.

En lo alto de las graderías, lejos de todos, hay un cura espectral, el confesor de Sosa, al parecer, leyendo un breviario; coristas de cuerpos esculturales se abren paso en una tribuna, sus largos y ceñidos trajes despidiendo destellos de oro, seguidas por los músicos de una orquesta, con trajes idénticos; mujeres gordas dormitan con bebés en los brazos.

Todos esperan el veredicto.

Al fin regresan a su mesa los miembros del tribunal revolucionario. Su presidente, Raúl Chibás, un hombre alto, robusto, colorado, lleno de una ruidosa vitalidad y con una barba muy negra, tan negra que en la luz de los reflectores parece azul,

coloca su gorra militar sobre la mesa,

apaga el cigarro,

ordena al reo ponerse de pie,

y en medio de un estadio en el que por primera vez se oyen volar las moscas,

erguido y solemne, símbolo de la justicia revolucionaria, símbolo, en aquel momento, de todas las revoluciones del mundo,

cuando llega el momento de ajustar cuentas con los opresores del pasado,

lee la sentencia de muerte.

Luego pregunta a Sosa si tiene algo que decir. Inesperadamente se dirige a mí, que estoy sentado con Gabo a los pies de Sosa Blanco:

—Periodista, hágame el favor de acercarle el micrófono al acusado.

Al extremo de un cable, la pera de plata del micrófono pasa de mano en mano, sobre la cabeza de los periodistas sentados en el cuadrilátero. Gabo la recibe y me la entrega. Yo la levanto, alargando el brazo, y la coloco frente a la boca del sentenciado.

Pero el sentenciado no puede hablar, ni siquiera para decir que no tiene nada que decir: su lengua, surgiendo del fondo de una garganta seca, se enrosca en la boca, móvil, amarga, desesperada.

Sosa esquiva el micrófono girando la cara como haría un niño ante una cucharada de laxante.

Yo bajo el micrófono, y ahora sólo veo las dos manos del reo sujetas por las esposas y reposando modestamente sobre la áspera tela azul del pantalón.

—El juicio ha terminado —dice Chibás colocándose la gorra.

Aquella dura cara roja con su espesa, férrea barba, símbolo de la justicia revolucionaria, volveré a verla, muchos años más tarde, en el sitio más imprevisible,

mi propia casa.

Sorprendentemente, en mi propia casa, en París, al abrir

la puerta, un atardecer, aquella cara, con la barba que se habrá vuelto gris plata, estará mirándome, con un espectro de tiempos remotos recobrado,

desde el sillón donde me siento a leer el periódico. Bajo el efecto de todo el vino bebido durante un almuerzo prolongado hasta muy tarde, avanzaré hacia el sillón donde aquel viejo símbolo del rigor revolucionario estará sentado.

—¿No eres tú Chibás, el que condenó a muerte a Sosa Blanco?

El hombre, súbitamente lastimado por la navaja de aquella pregunta, alzará ante su cara una mano de protesta:

—Por favor, chico, no me recuerdes esas cosas. Aquella fue una broma que me echó Fidel.

Un amigo común, Carlos Franqui, lo habrá traído a casa.

Más tarde, comiendo una paella, con la luz tardía del verano en las ventanas, Chibás me contará la suerte de aquel tribunal que ahora, después de haber pronunciado su sentencia de muerte, se retira del estadio deportivo: unos, como él, tomarán el camino del exilio; otros, como Sorí Marín, serán fusilados.

La vocación antropófaga de las revoluciones.

Fuera del estadio sopla una brisa fresca y reciente que parece venir del mar. Tenues pinceladas de luz recortan a lo lejos la silueta de unas palmeras: al amanecer, como un amante sigiloso, se levanta sobre la ciudad dormida, agotada por la noche de fiesta.

Nos hemos detenido junto al carro de un vendedor de melones, cuya lámpara de queroseno brilla en las puertas del estadio, cuando un fotógrafo venezolano, amigo nuestro, se nos acerca con prisa:

—Vamos a ver a Sosa Blanco antes de que lo fusilen —dice invitándonos—. Tenemos cupo en la camioneta.

El fotógrafo es uno de aquellos pequeños tiburones de la prensa diaria venezolana cuyo olfato es excitado por el olor de la sangre.

Gabo y yo declinamos la invitación: la sentimos obscena. A la muerte y al amor no se les puede mirar por el ojo de la cerradura.

Así, nuestros amigos reporteros partirán sin nosotros en su camioneta hacia la prisión de la Cabaña. Encontrarán puertas, rejas que se abren, dóciles, ante sus carnets de periodistas amigos de la revolución,

recorrerán salas, galerías de piedra, de olores húmedos y ruines, vigiladas ahora por goajiros con sombreros de paja, hasta la sala de guardia, para hallarse allí delante de una mujer gorda, vestida de negro, que espera sin lágrimas al oficial, acompañada por dos niñas muy bellas e idénticas, ambas muy pálidas, con cejas rotundas y fijos y absortos ojos negros, ambas vestidas con blancos trajes de organdí y calzadas con zapatos de charol nuevos, como si fueran a una fiesta de cumpleaños.

Son la esposa y las hijas de Sosa Blanco.

Quieren verlo por última vez.

Solicitarán para esta petición el apoyo de nuestros amigos reporteros, y ellos, parte por interés profesional (la noticia, la nota humana, caliente: «esbirro batistiano se despide de su esposa»), parte porque bajo su caparazón de tiburones de la prensa late de todos modos un corazón caribe,

obtienen que el oficial de guardia conceda el permiso solicitado.

Así verán, tras los barrotes de su celda, al sentenciado a muerte, todavía con su overol azul, levantándose de su jergón bruscamente al ver entrar a su mujer, y con un fulgor duro en los ojos grises (el reo modesto convertido de nuevo en el coronel batistiano de otros tiempos), ladrándole una orden:

«No llores, gorda. No vayas a llorar.»

Su expresión se suavizará al ver a las hijas. Quizás viendo a los tiburones de la prensa detrás de ellas, y sus cámaras vigilantes, no podrá hablarles como hubiese querido. Así, su diálogo será anodino, paternal:

les hablará de sus estudios,

les preguntará por sus notas,

les recomendará aprender el inglés.

Luego, sus ojos se fijarán en la mujer gorda que al otro lado de la reja se ha mantenido silenciosa e intensa, sin llorar. Sacando la mano por entre las rejas, le palmeará suavemente la mejilla:

«Tú, gorda, vive tu vida.»

Los tiburones se despedirán de él dándole la mano.

El oficial de guardia le indicará a la mujer que debe ir a la ciudad para buscarse un féretro. Pero la mujer no le hará caso. La mujer y las dos niñas vendrán al hotel Riviera, donde nos hospedamos los periodistas, aquel mismo, infinito amanecer.

Gabo y yo nos encontramos delante de ellas, en el vestíbulo.

Con un papel en la mano.

El papel, que alguien muy agudo debe de haberles redactado con anticipación, es una petición respetuosa al gobierno para que se realice un nuevo juicio y no subsista duda alguna

en nuestra conciencia de periodistas invitados

sobre la rectitud de la justicia revolucionaria.

La mujer no suplica. No agrega nada al papel que nos ha entregado a Gabo y a mí. Nos mira, solamente. A su lado, las mellizas, bellas y pálidas, de unos doce años, nos contemplan también inmóviles

y sus ojos,

muy negros bajo el trazo rotundo de las cejas

(las cejas del padre),
tienen una extraña fosforescencia hipnótica.

—Les he dado drogas para que no se duerman —murmura la madre—. Quiero que lo vean todo, que no olviden nada de esta noche.

No hay duda: digan lo que digan, somos hijos de España. Estas palabras, esta mujer vestida de negro, estas deudas de sangre que se entregan a los hijos, son de Lorca. Son de España.

Y son nuestras, también.

Yo firmo, sin decir nada. Gabo hace lo mismo.

Podía haber sido al revés: podía haber firmado García Márquez primero y yo, automáticamente, lo habría imitado. Aunque, en realidad, aquí nadie imita a nadie. Simplemente, ante muchas cosas, tenemos las mismas, instintivas reacciones. Tenemos los mismos amigos. Nos gustan las mismas películas, los mismos libros.

De allí, sin duda, nace nuestra amistad.

En este caso, pienso, no tenemos, no creemos tener, pese a las insuficiencias del juicio, dudas sobre la culpabilidad de Sosa Blanco: ningún recurso legal, ninguna garantía, ningún juicio público presenciado por periodistas debieron de tener sus víctimas, pobres goajiros de la sierra.

Pero matar a un hombre, culpable, sí, pero inerme y vencido y vejado por los gritos que le llueven desde las graderías de un estadio, en nombre de la justicia divina o de la justicia revolucionaria, no se puede.

Así, no se puede.

Negarle a dos niñas que lo miran a usted con sus ojos oscuros y alucinados, en el vestíbulo de un hotel, en el amanecer de La Habana, la última esperanza de salvar a su padre, tampoco se puede.

De modo que sin pensarlo dos veces firmamos.

Años después,

Gloria Gaitán, hija del líder colombiano Jorge Eliécer Gaitán, asesinado en Bogotá el 9 de abril de 1948, a quien conté esta historia, me habló de dos niñas (pienso que debieron de ser las mismas), que delante de ella, en la puerta del ascensor del hotel Habana Libre, se echaron a los pies de Fidel Castro,

se abrazaron a sus botas,

pidiéndole que perdonara la vida de su padre.

Los milicianos las apartaron, sin prisa y sin violencia, pero Fidel subió en aquel ascensor estremecido. Gloria vio cómo se le humedecían los ojos, mientras largaba una frase, que yo ya he olvidado,

sobre las miserias del poder.

Yo creo en esta historia. Yo creo que a Fidel Castro se le humedecieron los ojos, realmente. Yo creo que Fidel Castro ha pensado muchas veces en las miserias del poder.

Gabo lo sabe.

A Fidel, pues, se le humedecieron los ojos después de que los milicianos apartaron a las niñas, sintiendo tal vez que nada podía una brusca, honda, perturbadora, grieta de ternura

ante la dura y durable razón de Estado.

Pienso, ¿por qué no?, que a Sosa Blanco pudo ocurrirle lo mismo cuando la madre de los Agramonte se echó a sus pies. Quizás a él, en la soledad de su oficina cuartelaria, se le humedecieron también los ojos. Pero no hizo nada. Tampoco hizo nada.

Su guerra era sucia y la de Fidel era limpia. Su guerra la hacía en nombre de un dictador y de su casta militar, la de Fidel en nombre de un pueblo y de sus aspiraciones de libertad.

(La palabra clave de esa revolución, por cierto, fue esa: libertad.)

La diferencia entre las dos causas es enorme, pero luego,

el poder, el poder absoluto, ejercido en nombre de una dictadura castrense, y el poder ejercido en nombre de una revolución, sacralizada ya, convertida en fin y no en medio, acaban pareciéndose en sus códigos esenciales, en su afán de perdurar sin consultas a nadie,

estableciendo la misma arisca línea de defensa contra los asaltos de la piedad.

Nada podía o nada quiso hacer Fidel y nada, desde luego, podía hacer un miserable papel firmado por periodistas de paso, salvo prolongarle a Sosa la vida durante un mes, mientras se realizaba, esta vez a puerta cerrada, un nuevo juicio, y la sentencia del primero era confirmada.

Así, la mujer de negro volvió a la Cabaña con un féretro recién comprado, a la hora en que se alza el sol sobre el mar de la Habana con un primer alboroto de gaviotas,

y se llevó a su muerto perforado por una docena de balazos.

Esas convicciones sobre el poder absoluto, castrense o revolucionario, vendrían para mí después, con los años. Entonces, en nombre de la revolución, todo lo justificaba. Rigurosa, o por ello la justicia revolucionaria dejaba de ser justicia; en nada podía atenuar nuestro fervor, que era inmenso, simplemente inmenso.

Cuba parecía en aquel momento no reeditar una experiencia podrida ya en los países del Este, sino inaugurar una nueva era, patentar una alternativa limpia, una forma de democracia fresca y popular y también pluralista, sin intermediarios corrompidos, mediante un contacto continuo y multitudinario de los dirigentes con el pueblo,

al que se le explicaba, casi didácticamente, en estadios y plazas, cada medida,

al que, sin ningún autoritarismo, se le hacía participar,

como alfabetizador, como miliciano, como zapatero o periodista, en un proceso de grandes y necesarios cambios.

La revolución es una praxis, escribió Sartre entonces.

En esta perspectiva, las reacciones adversas del Departamento de Estado norteamericano a las primeras medidas revolucionarias parecían inscribirse dentro de su vieja política de apoyar a los elementos más regresivos de la sociedad latinoamericana y de oponerse a un verdadero relevo social en el poder.

Para todos nosotros, en aquel tiempo, el soporte dado por el gobierno norteamericano a las dictaduras militares en la década anterior hacía que no creyéramos en la integridad de su vocación democrática (la democracia allí era un artículo de exclusivo consumo interno).

Así, la hostilidad del gobierno norteamericano a la reforma agraria y a las primeras nacionalizaciones, sólo expresaba la inquietud por los intereses amenazados de sus inversionistas, intereses con los cuales nada teníamos que ver.

Aquella era, sin duda, una época de espejismos y de ilusiones. Nuestra pérdida de fe en un socialismo que habíamos visto profundamente distorsionado en los países del Este, era sustituida por otra, más legítima, la fe en una revolución que se definía como una praxis, sin inspirarse en dogmas ni alienaciones ideológicas.

Marxista o humanista, poco nos importaba cómo se definía.

Podíamos cantar con Daniel Santos, entonces:

«Si las cosas de Fidel son cosas de comunista, que me pongan en la lista que estoy de acuerdo con él.»

Lo que contaba era el esfuerzo colosal por sacar a un país de los males endémicos de nuestro continente: la pobreza, la ignorancia, la insalubridad, los insolentes privilegios, el obcecado militarismo.

Nos interesaba la lucha contra el analfabetismo, las escuelas de capacitación, los centros de salud, los grandes conjuntos escolares, y en todo esto, a lo largo y ancho del proceso, la fresca

participación popular.

¿Cómo no dar a esta revolución nuestro apoyo?

Cuando decidí dejar Venezuela y regresar a Colombia, tenía intención de vincularme de lleno a una actividad política que se inspirara en la para mí entonces fascinante experiencia cubana.

Gabo tenía el propósito de irse a México para continuar escribiendo.

Nos despedimos una noche en la puerta de su casa, en el barrio San Bernardino de Caracas; nuestra experiencia venezolana llegaba a su fin.

No sabíamos que antes de un mes, estaríamos reunidos de nuevo en Bogotá. Gracias a Cuba.

¿Quién le habría creído a aquel borracho? Era periodista, era mexicano, mi amigo lo llamaba el cuate. Estaba en su apartamento, de paso en Bogotá, todavía en la cama, verde y tembloroso por todo el whisky bebido la noche anterior, hablándome de una agencia de noticias que el jefe estaba organizando en toda América.

El jefe era Fidel.

Había que romper, hermano, el monopolio imperialista de la noticia, continuaba diciendo, una vez que ya en pie y sentado en un bar recién abierto, pudo beberse con mano temblorosa una ginebra doble con agua tónica y limón.

Yo, claro, no le creía una sola palabra.

Mientras bebíamos en el almuerzo un espeso tinto Marqués de Murrieta, el mexicano, entusiasmado, hablaba de contratar a los mejores periodistas del país, de comprar escritorios y máquinas y teletipos, hablando de miles de dólares y haciendo números en un papel, pero yo seguía sin creerle una sola palabra.

«Tengo un amigo que es un gran periodista...», dije en un momento dado, por decir algo. «Está en Venezuela.»

«Tú contratas a quien quieras», me interrumpía el cuate, torrencial. «Somos los jefes, por encima de nosotros —y aquí un guiño, un codazo cómplice, una risotada de malo de película mexicana— nada más que Papá Fidel.»

En la noche, en casa de un matrimonio amigo, seguía hablando de que ésta era la gran oportunidad de nuestra vida como periodistas,

libres, mano, de servidumbres mercenarias, contando la verdad que los otros callan, denunciando la explotación,

pero el cuate, moreno, el pelo alborotado, sus rasgados ojos indígenas velados por todo el whisky bebido, ya no podía tenerse en pie.

Casi cargado tuvimos que llevarlo al apartamento donde se hospedaba, en medio de protestas. («No sean rajones, hermanos.»)

Se despidió tambaleante, apoyado en el marco de una puerta:

«Ya recibirás noticias.»

Y las recibí, en efecto, ocho días más tarde: una llamada del severo Royal Bank of Canada anunciándome que había llegado a mi nombre un giro por diez mil dólares enviado desde La Habana.

Con el cheque ardiéndome en el bolsillo llamé a Caracas:

«Oye, Gabo, aquí hay un asunto importante que no puedo explicarte por teléfono. Vente para Bogotá. Una oficina de prensa, ya te contaré... Seremos los jefes.»

Ya estaba hablando como el mexicano.

A los cuatro o cinco días, Gabo bajaba con Mercedes por la escalerilla del avión. Mercedes estaba esperando un niño.

—¿Cómo es la vaina? —me preguntó.

En camino hacia la ciudad, en el automóvil, le expliqué a Gabo todo el asunto.

—Cojonudo —dijo.

En vez de la luz de Caracas, teníamos ahora la llovizna de Bogotá cayendo siempre, al otro lado de las ventanas, sobre los grises tejados de la ciudad, pero las oficinas de Prensa Latina, que habíamos montado con gran rapidez,

vibraban a toda hora con el tableteo de la máquina de escribir, del télex, del receptor de radio que funcionaba día y noche.

Vistas hoy, en la perspectiva de la memoria, aquellas oficinas amplias y bien amuebladas, vieron desfilar a toda la izquierda del país, entonces.

Aunque la actividad de la oficina era enteramente profesional —enviar y recibir noticias—, su obvia vinculación con Cuba, país en el cual convergían tantos sueños y esperanzas, convertían a Prensa Latina en punto de encuentro de todos los fervorosos de la revolución cubana.

Pobres, mal trajeados, allí se encontraban, a la salida de sus respectivas universidades, los estudiantes; allí venían gentes de izquierda del partido liberal, gentes del partido comunista y de todos los minúsculos grupos marxistas. Por allí pasaron —pálidos, una gabardina sucia, un cigarrillo Pielroja ardiéndoles entre los dedos— todos los futuros dirigentes guerrilleros del ELN,

que años después,

como tantos hermanos suyos de Venezuela, del Perú, de América Central,

encandilados por el mismo resplandor revolucionario, movidos por la misma alineación política maximalista, voluntarista, nacida de la propia debilidad estructural de la izquierda y de sus frustraciones personales, quizás de su dolorida neurosis de inadaptados dentro del tejido social del país,

aparecerían en el monte, con jaspeados uniformes de guerrilleros, con fusiles, con siglas escritas en sus gorras,

y en su gran mayoría, unos más temprano, otros más tarde, resultarían muertos.

Otros, que también venían a nuestras oficinas, también pobres, mal trajeados, con un cigarrillo ardiéndoles entre los dedos, tomarían rumbos distintos: liberándose con el tiempo de toda cucaracha revolucionaria, acabarían convirtiéndose en profesionales prósperos, en negociantes, ministros, embajadores.

Punto de encuentro privilegiado en el espacio y en el tiempo de gentes de una misma generación, aquellas oficinas reunían gentes que el futuro iría

a enfrentar.

Así, puede uno ver hoy en la memoria, sentados frente a una mesa del vestíbulo, donde se marchita un ramo de flores, al futuro guerrillero y al futuro ministro riéndose y hablando como sólo pueden hacerlo fraternales compañeros,

con las mismas gabardinas húmedas de lluvia,

los mismos códigos, las mismas novias aguardándolos en una cafetería,

los mismos sueños.

(Valdría la pena informar a tanto tonto analista europeo, a tanto inglés, a tanto francés con esquemas primarios, que ven nuestra realidad como un *western* enfrentando buenos y malos, ricos y pobres, campesinos y gordos terratenientes,

que no hay tal cosa:

los cuadros del gobierno y los de la insurrección armada salen de las mismas maltratadas clases medias. Los últimos actúan muchas veces contra los primeros movidos por un síndrome, enteramente personal, que el padre Freud explicaría mejor que el padre Marx.

Como sea, si uno vuelve los ojos a aquella década iluminada y trágica del sesenta (cuyo símbolo supremo podía ser
la cara cristalizada del Che Guevara, acribillado en una

aldea de Bolivia), encuentra siempre el recuerdo fantasmal

de compañeros muertos.

Desde luego, aquella época tiene una connotación dramáti-
ca vista en la perspectiva de los años, cuando uno mira las
implicaciones que la revolución cubana, sus espejismos, las
baratijas teóricas que se elaboraron en torno a ella (la desdi-
chada teoría del foco de Régis Debray), tuvieron sobre muchos destinos individuales que rozaron el nuestro.

Pero al margen de esta efervescencia política, llevábamos
una vida organizada y fácil, que giraba en torno a nuestros
diarios despachos de noticias, y al apartamento de Gabo y
Mercedes donde yo,

soltero aún, era un diario invitado: a la hora del desayuno, a la hora del almuerzo y a la hora de la cena.

Habíamos comprado con Gabo un par de gabardinas
azules idénticas, y en todas partes (salas de redacción, cafés,
casas de amigos comunes) nos veían entrar al tiempo, como
dos muchachos vestidos por la misma mamá.

Cuando Gabo (que escribía de noche, con una disciplina
admirable, la última versión de *La mala hora*) se quedaba
trabajando en casa, un domingo, yo llevaba a Mercedes al
cine.

Justamente, viendo conmigo uno de esos colosales bo-
drios bíblicos de Hollywood, *La túnica sagrada*, un domingo en la noche, Mercedes empezó a sentir los primeros do-
lores del parto. No dijo nada, pero al día siguiente, muy
temprano, cuando en mi casa todavía a oscuras repicó el teléfono,

imaginé de qué se trataba.

—Ahí tiene a su ahijado —me dijo Gabo, desde la clínica.

Rodrigo se convirtió muy pronto en el juguete de todos. Era un bebé de buen humor, de grandes, soñolientos, chispeantes ojos oscuros (los ojos de Mercedes), al que hacíamos saltar en las rodillas. Cuando llegábamos de la oficina y lo encontrábamos dormido hacíamos toda suerte de trampas para despertarlo.

Mercedes se enfurecía.

—Bueno, pero tampoco regañe al compadre —decía Gabo.

—Pues también a él lo regaño —respondía Mercedes, irreductible, en la puerta de la cocina, apartándose de la cara un mechón de pelo con el dorso de la mano—. ¡Estos hombres!

Gabo quería que Rodrigo fuera bautizado por Camilo Torres.

Antiguo condiscípulo suyo en la universidad y mío en el Liceo de Cervantes, Camilo era el único cura amigo que teníamos en este mundo. Sin conocernos aún Gabo y yo, ambos habíamos sido testigos de su dramático ingreso al seminario, años atrás.

Tenía una novia que, al conocer su decisión, entró al convento. Isabel, la madre de Camilo, se oponía a que fuera cura

diciendo toda suerte de barbaridades.

Ambos, Gabo y yo, cada cual de nuestro lado, habíamos advertido el cambio que se había operado en Camilo al regreso de unas vacaciones de los Llanos. Sus silencios. Su iluminado retraimiento. El brillo triste, distante en las pupilas.

Era como si sobre él hubiese caído de pronto la gravedad de las grandes llanuras,

de sus lentos ríos amarillos,

de sus fugaces y solemnes crepúsculos.

Ahora, ya con treinta años, se había convertido en un sacerdote activo y jovial, preocupado por los problemas sociales, que repartía su tiempo entre una cátedra de sicología en la Universidad Nacional

y los remotos, miserables barrios del sur de la ciudad donde adelantaba obras de acción social, distribuyendo entre los pobres ropas, algunos empleos,

tazas de chocolate.

Con frecuencia venía a almorzar al apartamento de Gabo y Mercedes y asistía a las fiestas que organizaban algunos sábados.

Bien parecido, el humo de pipa haciéndole entrecerrar los ojos verdes y brillantes y siempre con destellos de humor, sonrojándose con sus propios chistes de doble sentido, Camilo tenía mucho encanto.

Las muchachas, casi fatalmente, se enamoraban de él.

Isabel Restrepo, su madre, tenía que espantárselas a escobazos.

Pese a todo ese revoloteo de muchachas en torno suyo, Camilo era un hombre serio, con la rectitud, la pureza de un adolescente convencido de sus ideas. No le importaba que alguien se fumara, al lado suyo, un cabo de marihuana, pero era vertical con sus propios principios.

Por ese motivo se opuso inicialmente a que yo fuese el padrino de Rodrigo. Todo se debió, en realidad, a una frase inocente. Gabo, sorprendido por el cuello y la vigorosa contextura del recién nacido, le pronosticaba un rotundo futuro

como policía de Magangué, la ciudad donde había nacido Mercedes.

—Policía no —protesté alguna vez, delante de Camilo—. De éste sacaremos un guerrillero.

A Camilo aquello le cayó muy mal.

Desde el liceo, sabía que yo no tenía creencias religiosas. Y así fuese en broma, proponer como destino de una criatura inocente la vocación guerrillera, que por naturaleza es una vocación armada, violenta, programada para dar muerte, no era algo compatible con la misión espiritual de un padrino.

—No puedo aceptar a Plinio —le dijo a Gabo con tranquila firmeza, mordiendo su pipa.

Gabo tuvo que desplegar, durante días, toda suerte de recursos dialécticos para convencerlo. Camilo aceptó, al fin, a condición de que los padres y padrinos del bebé comprendieran el sentido profundo de aquel sacramento, para lo cual se proponía dar algunas explicaciones previas y oficiar la ceremonia en castellano.

Así, aquel bautizo, que tuvo lugar una tarde en la capilla de una clínica, revistió especial solemnidad.

Mientras la criatura,

con toda la energía de un futuro policía de Magangué,

protestaba gesticulando ante la alevosa agresión de un chorro de agua fría en la cabeza que lo sacó de su sueño seráfico, Camilo iba explicando paso a paso el significado de todo el ritual.

«El que crea que sobre esta criatura desciende ahora el Espíritu Santo, debe arrodillarse», dijo de pronto.

Obligados a actuar conforme a nuestra convicción íntima, todos, como si nos hubiésemos puesto de acuerdo, incluyendo a la madrina, permanecimos de pie, en la hierática postura de los guardias del palacio de Buckingham.

¿Podríamos imaginar entonces, viendo a Camilo, tan serio en su casulla blanca, con una luz crepuscular entrando por los vitrales de la capilla, que él iría a morir muy pocos años después,

en las montañas del departamento de Santander como guerrillero?

¿Podríamos imaginar que en aquella década, iluminada y trágica, iría Camilo a convertirse en mito, leyenda, símbolo de la lucha armada en América Latina?

En recuerdo suyo, mi propia hija se llamaría Camila.

Todo pasaba por Cuba, en aquellos tiempos.

El avión me dejaba en Camagüey. Allí, paseando por las calles quietas y ardientes a la hora de la siesta o en un bar, bajo el soñoliento susurro de los grandes ventiladores de aspas, esperaba el nuevo vuelo que me llevaría a La Habana.

Siete veces fui a Cuba en un solo año.

Entraba al Vedado en una limusina del aeropuerto, lenta, larga y oscura como un coche funerario, mirando en el aire cálido y lleno de luz, consignas de propaganda revolucionaria:

«EL QUE SE QUIERA IR QUE SE VAYA.»

«ATRÁS NI PARA COGER IMPULSO.»

Un tío Sam en la mira de un fusil:

«DONDE ASOME AHÍ QUEDA.»

Las oficinas de Prensa Latina, en los altos del edificio Retiro Médico, intensamente refrigeradas. La calle de la Rampa descendiendo hacia un mar con reflejos crepusculares. Una cafetería, el Wacamba, su olor a pollo frito, su continuo entrar y salir de milicianos, y el hombre tímido de barbas con quien alguna noche tomé allí un café:

Camilo Cienfuegos.

Fidel hablando en estadios atestados y vibrantes. Los jóvenes milicianos a lo largo del malecón, con sacos de arena a sus pies, vigilando el cielo y el mar en espera de una invasión.

La Habana de entonces.

La primera vez que fui introducido donde Jorge Ricardo Masetti, el director de Prensa Latina, me encontré en la penumbra de su oficina a un hombre joven, buen mozo, parecido a un actor de cine, que examinó con hostil frialdad, a través del humo de su gigantesco cigarro, mi modesta, triste, sospechosa (en aquella Habana sudorosa y desabrochada de barbudos)

corbata bogotana, un despreciable símbolo burgués.

Masetti desconfiaba de todos los hombres que el mexicano había puesto en muchas sucursales de la agencia. Temía que todos estuviesen cortados por la misma tijera, que todos fuesen cuates

simpáticos,

borrachos, entusiastas,

llenos de un primario fervor militante pero ineptos.

De modo que los hacía venir a La Habana, los examinaba desconfiadamente como a ostras que han perdido su frescura, y los echaba.

Con nosotros no ocurrió lo mismo. Muy pronto se dio cuenta de que el mexicano, por casualidad, había acertado en Colombia. No éramos sus amigos de farra, ni fogosos militantes empeñados en lanzar denuncias por los teletipos, sino profesionales.

Al cabo de algunos días, el único recelo que le quedaba era mi corbata.

—Che —preguntó al fin—, ¿por qué te vestís así? Con los dos nombres que llevás encima, mejor usarías una toga.

—Masetti, en Bogotá, a los bebés de mi generación les ponían la corbata con su primer pañal. Después, ni una revolución puede quitársela.

Masetti se quedó observándome.

—Qué grande, che —acabó por decir.

Desde entonces fuimos amigos. Para siempre.

Me convertiría en su cercano colaborador. Iría a La Habana muchas veces. A la hora de la madrugada en que callaban los teletipos y las salas de redacción quedaban desiertas, me sentaría en su oficina con él, Rodolfo Walsh y otros amigos argentinos, a oír tangos.

Nos iríamos a algún tardío bar de La Habana Vieja para comer camarones con vino blanco.

Cuando se reunió en San Francisco, en 1960, la Sociedad Interamericana de Prensa (SIP), me pidió que lo acompañara.

Apenas llegamos a Miami, descubrió que yo no hablaba inglés.

—Che, si para eso te traje —me dijo, divertido—. Bueno, igual explicá que debemos ir a Chicago y luego a San Francisco.

Sentado en el avión, se reía.

—Yo pensaba que en Colombia todos los muchachos bien que usan corbata hablan inglés.

—Los intelectuales no. Hablamos francés.

—¿Así que vos sos intelectual?

—Estoy lleno de angustia cósmica. Tengo anteojos y dentro de nada empiezo a perder el pelo.

Masetti se divertía escuchándome.

Compartíamos la misma habitación en el mejor hotel de San Francisco, un palacio de alfombras rojas lleno de hombres de negocios norteamericanos, donde se alojaban los asistentes al congreso.

Masetti miraba a los propietarios de diarios latinoamericanos con el ojo sarcástico
del reportero que había sido.

—Miralos no más. Qué tarados. ¿Cómo pueden dirigir la opinión de todo un continente?

—No seas sectario, Masetti. Algunos de ellos son amigos míos, y no son tarados.

—Pero Dubois los maneja como a párvulos. Los regaña, les quita la palabra, ¿has visto?

Jules Dubois, presidente de la SIP,
un yanqui grande y colorado,
tenía rudos modales de sheriff del Oeste. Golpeando la mesa con un martillo, solía interrumpir la copiosa retórica

de los suramericanos.

Masetti lo odiaba.

—Es un policía, che. Me dan ganas de pegarle.

Una noche al verlo salir por la puerta del hotel, se fue detrás de él sin que yo pudiera impedírselo.

Volvió riéndose.

—Qué cobarde. Apenas vio que yo lo seguía, echó a correr. Se metió en un taxi.

—«Presidente de la SIP agredido por un periodista cubano» (porque tú y yo representamos a Cuba, aquí). Lindo título de primera página.

—Tenés razón.

Masetti era imprevisible. Recuerdo que una noche, invitados por un matrimonio venezolano, amigo mío, rehusó acompañarnos y se quedó en el hotel.

Cuando regresé, muy tarde, le encontré leyendo.

—¿Por qué no viniste? Es gente muy simpática.

—Ella es muy linda. Me gusta. Yo no quería pasarme la noche mirándole la mujer a tu amigo. No está bien.

—Mirar no es pecado. Tocar sí, pero mirar no. Mientras no le echaras mano por debajo de la mesa...

Masetti se sacudía de risa.

—Qué cínico, che. Aguardá, yo me visto y salimos a caminar.

Masetti era siempre un búho, incapaz de aceptar el sueño.

—¿A esta hora? Son las cuatro de la madrugada, Masetti.

—Linda hora, che. ¿Para qué querés dormir?

Caminamos, recuerdo, hasta que el amanecer del verano se alzó sobre las calles de la ciudad, envolviéndolo todo en una tonalidad rosada.

Bramaban a lo lejos, en el puerto, sirenas de barcos.

La prolongada falta de sueño tenía sobre Masetti
el efecto de hongos alucinógenos.

Mientras devorábamos calles, iba hablándome de su vida,

de la época en que había servido en la marina de guerra argentina, de sus primeros tiempos como reportero en una emisora, de la vez que había descendido por el cráter de un volcán sujeto por una cuerda.

—Eso es circo, che. No es periodismo. Si no se me ocurre irme a la Sierra para entrevistar al Che y a Fidel, ahí estaría todavía.

Pero tenía dudas, inquietudes respecto de la revolución.

—Hay problemas entre el Che y Fidel —murmuró de pronto—. Los soviéticos, los checos, los húngaros, le venden a Cuba como fábricas pura chatarra. Son piratas, sólo les falta el parche en el ojo. Y el Che no les puede armar la bronca que quisiera.

(Guevara y el propio Masetti no eran hombres del poder.
Tenían un rigor ético,
admirable, peligroso:
el rigor que los llevaría a los dos a la muerte.)
Gracias a Masetti, a su confianza, Gabo y yo vimos muy de cerca, de una manera que a mí me marcó profundamente, el proceso que permite a un viejo,
anquilosado,
viciado,
burocratizado partido comunista,
apoderarse de una revolución fresca y bella liberadora para convertirla, conforme a los modelos clásicos, en un férreo instrumento de opresión.

Hablo por mí, no por García Márquez. Aunque hoy su evaluación e interpretación de los hechos no sea igual a la mía, lo cierto es que los vivió, los padeció igual que yo, y reaccionó ante ellos de la misma manera,
como ocurría siempre en aquellos tiempos.

En América Latina, vale la pena recordarlo hoy, ninguna revolución ha sido realizada por el partido comunista.

Fuerza reducida en casi todas partes, nunca el comunismo ha sido una alternativa confiable para las masas. Extraña paradoja en un continente de vistosas desigualdades, donde se cumple a veces de manera bastante aproximada el análisis hecho por Marx de la sociedad capitalista de su tiempo: el enriquecimiento de la burguesía, la pauperización del proletariado obrero y rural.

Las masas han favorecido movimientos caudillistas, populistas, liberales, radicales, socialdemócratas, demócrata cristianos: han sido gaitanistas, lopistas, rojistas, belisaristas en Colombia; apristas en el Perú; peronistas en Argentina; adecas o copeyanas en Venezuela; socialistas o demócrata cristianas en Chile, pero no comunistas.

Surgidos y formados en la época en que el estalinismo irradiaba sobre el movimiento comunista internacional sus prácticas, sus dogmas, su liturgia, los partidos comunistas latinoamericanos padecen casi todos los mismos males:

una pesada estructura burocrática, con dirigentes máximos envejecidos, inamovibles; un lenguaje importado, codificado, acribillado de estereotipos; una concepción mecánica de las etapas históricas del desarrollo económico y social;

una concepción rígidamente obrerista según la cual nuestras vastas clases marginales y medias sólo pueden verse como simples aliados, instrumentos ocasionales de una idealizada y brumosa vanguardia obrera.

Incapaces de una lectura fresca de la compleja realidad latinoamericana, empeñados en reducir y esquematizar esta realidad de modo de hacerla caber en sus hormas ideológicas, sin mayor arraigo en el tejido social de una nación latinoamericana, los partidos comunistas son más sectas de iniciados que partidos de masas.

Desde luego, el partido comunista cubano no era una excepción a esta realidad. Al contrario, con el colombiano, era de una pobre ortodoxia, atento siempre a la línea trazada por Moscú.

Bastaba oír en los foros internacionales a Blas Roca y a Marinelo, sus rituales letanías contra el imperialismo yanqui y sus no menos rituales apologías de la Unión Soviética, para comprender que la revolución cubana, tal como logró imponerse, nada, pero

absolutamente nada

tuvo que ver con aquel par de apoltronados abuelos.

La revolución se hizo fuera de ellos, contra las concepciones de ellos y, desde luego, no para ellos.

La revolución cubana tuvo esencialmente un carácter libertario, sin rótulos marxistas previos. Fue la movilización de todo un país, incluyendo a buena parte de la propia burguesía cubana, contra Batista, con el movimiento 26 de Julio como principal organismo catalizador. Política y socialmente fue una revolución plural.

Por ello, entre otras cosa, fue posible.

Veinte años más tarde, el mismo proceso se cumpliría en Nicaragua cuando toda la nación, desde los burgueses hasta el último campesino, desde los conservadores hasta los marxistas leninistas, se uniría para derrocar a Somoza.

En ambos casos, los comunistas, con tácticas de infiltración, acabaron controlando los centros vitales del Estado y los medios de comunicación.

Sectarios, dogmáticos, minúsculos, con mala imagen de marca en los sectores mayoritarios de sus países, los partidos comunistas no son aptos para traducir, organizar y vertebrar dentro de un proceso político, electoral o insurreccional, las aspiraciones populares.

Esta tarea debe dejársela a otros, no salidos de sus filas, más carismáticos.

La revolución no es, pues, su negocio. Su negocio es administrarla, controlarla, una vez que otros la han hecho.

Para esta tarea, su disciplina, su sigilosa vertebración de secta, resulta muy eficaz. Nada más fácil, cuando se dispone de una rígida, vertical estructura burocrática, que infiltrar las porosas organizaciones populares surgidas en el ímpetu, la generosidad, la pasión, la verdad, la heroicidad de una sublevación contra el tirano.

Nada más fácil que apoderarse de un 26 de Julio o de un movimiento sandinista. Y luego, del Estado.

Claro que en Cuba las cosas no ocurrieron de una manera tan esquemática y simple. En Cuba había un factor excepcional, fuera de serie, llamado Fidel.

Fidel Castro resultó más astuto que los comunistas cubanos. Los comunistas quisieron utilizarlo y en última instancia fue Fidel el que acabó utilizándolos. Hasta cierto punto, claro.

Fidel es esencialmente el caudillo.

El caudillo es lo único que políticamente hemos inventado los latinoamericanos a lo largo de nuestra revuelta historia.

Sin verdaderas estructuras de poder, sin un concepto realmente orgánico del Estado, sin clases dirigentes lo suficientemente lúcidas y poderosas para asumir la dirección de la nación entera y ofrecer alternativas movilizadas, la inconformidad,

la orfandad producida por este vacío, nos ha llevado siempre, en momentos difíciles, a buscar al padre que todo lo puede, o que dice poderlo todo: el caudillo.

El caudillo une, aglutina, dispone por nosotros, nos releva de la angustia de asumir por nuestra cuenta, sin instituciones apropiadas, nuestro destino histórico o los retos de un conflictivo desarrollo.

Ni siquiera el más europeo de nuestros países, la Argentina, escapó a este reflejo del inconsciente colectivo latinoamericano. Apenas las tensiones surgidas de la sociedad urbana e industrial desbordaron las posibilidades de manejo de la tradicional oligarquía, la Argentina se encontró a Perón en su camino.

Fidel surgió en Cuba a merced de la misma orfandad, cuando los viejos partidos políticos erosionados por la corrupción y el oportunismo, y el militar que los desalojó del poder, dejaron a la isla sin más alternativas.

Pese a las organizaciones que en ella participaron —el 26 de Julio, el Directorio Revolucionario— y a las grandes figuras que en ella surgieron, la revolución cubana tuvo un inevitable cariz caudillista.

Fidel fue su centro de gravedad.

Pero por la naturaleza misma de su vocación, de su estructura psicológica particular y por la propia dinámica del triunfo, al caudillo no le gusta compartir el poder. Su lema: un solo jefe es mejor que muchos.

Triunfante la revolución, Fidel Castro, en vez de estructurar las organizaciones revolucionarias como partidos que sirvieran de conductos de expresión y participación democrática de las masas, acabó liquidándolas. No podían representar un contrapeso a su poder personal.

El partido comunista cubano era un caso aparte.

No siendo, como las otras, una organización relativamente reciente, plural, porosa, sino un cuerpo monolítico y jerarquizado actuando por completo dentro de su lógica, su mística de secta y su propia visión política, era difícil absorberlo, diluirlo o liquidarlo.

Aun refundiéndolo dentro de una organización más amplia, como llegó a intentarlo Fidel, el partido comunista seguía actuando dentro de ella como un cuerpo aparte.

Además, el partido no había roto su cordón umbilical

con la Unión Soviética, país del cual Cuba dependía económicamente, por culpa, en buena parte, de la torpe política norteamericana.

Algún día, supongo se escribirá la historia de esta lucha secreta y florentina entre el caudillo y la burocracia, entre dos formas de poder por naturaleza antagónicas: la una personalista, muy nuestra, de alto colorido temperamental; la otra gris, tentacular, amorfa.

El primer tramo de esta pugna secreta fue ganado, no hay duda, por la burocracia comunista —y Masetti, García Márquez y yo, para no hablar de centenares de miles de cubanos obligados al exilio, fuimos las víctimas—. En aquella etapa el partido se infiltró en todos los centros vitales del Estado.

El segundo tramo de la lucha correspondió al caudillo, mediante una asombrosa maniobra: colocando en la cabeza de Aníbal Escalante (para el caso, un chivo expiatorio ideal) pecados de sectarismos comunes a todos los dirigentes comunistas cubanos, enjuiciándolo severa, implacablemente conforme a las propias prácticas comunistas (sin defensa ni apelación),

introduciendo en los comunistas el reverente miedo a la expulsión y la purga, esas tinieblas que gravitan en el fondo de su memoria histórica, el caudillo logró introducirse con sus comandantes en el recinto sagrado del partido

y ponerse a la cabeza de él.

Así se produce la extraña cohabitación actual de caudillo y burocracia, que permite al primero un amplio margen de maniobra en las altas esferas del poder y mínima en las latitudes inferiores, especialmente en los organismos de seguridad y control policial, donde la burocracia tiene ya una profunda implantación.

La burocracia comunista ha institucionalizado ya en esta isla de gente alegre, díscola, libre, profundamente caribe, su abrumadora liturgia del Este, sus gigantescos estrados poblados de idénticas figuras, sus informes soporíferos, su lenguaje petrificado, sus aplausos rituales, sus protocolos, sus grados, sus uniformes, sus consignas reiterativas,

sus religiosas autocríticas.

Nada falta ya.

A la larga, no hay duda, la burocracia resultará triunfante.

El caudillo es sólo un hombre: mortal. La burocracia, en cambio, en medio de intrigas palaciegas y casi de manera dinástica, sobrevive, se eterniza, gris y férrea.

En Cuba, libre ya de la interferencia personalista, caprichosa, voluntariosa y díscola del caudillo, libre de sus barbas, sus cigarros, sus apóstrofes, su insolente individualismo, la burocracia comunista intentará seguir engordando y envejeciendo en los estrados del poder absoluto, apoyada en el miedo

y no en el amor de nadie,

y ya nada, nada se moverá en la isla sin su permiso, salvo las palmeras cuando sople el viento. Pero lo más probable es que el comunismo desaparecerá con Fidel.

Obviamente las simpatías de García Márquez van actualmente hacia el caudillo y no a la burocracia.

Quienes critican sus opciones políticas, viendo la realidad cubana fundida en un solo bloque, suelen ignorar estas dos realidades secretas, sutilmente enfrentadas, y no entienden por qué García Márquez apoya al régimen cubano pero se sentía distante, para nada concernido, por el régimen polaco o soviético.

A él, lo sé, la burocracia no le dice nada. Ella choca con su temperamento de hombre caribe, ajeno a la rigidez y a la uniformidad religiosa del comunismo.

El caudillo, en cambio, forma parte de su paisaje geográfico e histórico, subleva los mitos de su infancia, habita recuerdos ancestrales, está latente en todos sus libros.

Con él, con el caudillo, con su aventura de soledad y poder, con su destino inmenso y triste de dispensador de dicha e infortunios

(tan parecido a Dios)

es solidario.

En esa perspectiva debe situarse su adhesión a Fidel. Fidel se parece a sus más constantes criaturas literarias, a los fantasmas en los que él se proyecta, con los cuales identifica su destino de modesto hijo de telegrafista llegado a las cumbres escarpadas de la gloria;

Fidel es un mito de los confines de su infancia recobrado, una nueva representación de Aureliano Buendía.

Si alguien busca una clave de su fervor castrista, ahí tiene una de dieciocho quilates.

Por ello mismo, la experiencia vivida conmigo en Cuba está para él profundamente disociada de su actual visión política.

Lo que él vio entonces, uno de los tentáculos de la burocracia apoderándose de Prensa Latina, tiene el peso de una anécdota y no de una parábola; para él este problema lo habría resuelto Fidel.

Desde luego, yo veo las cosas de otro modo. Para mí aquello fue síntoma alarmante de una profunda y peligrosa distorsión política. Parábola y no anécdota.

Resulta difícil, al principio, dentro del centenar de periodistas que trabajan en la sede central de Prensa Latina, en La Habana, advertir cuál era del 26 de Julio, cuál del Directorio, cuál fidelista a secas, cuál comunista.

Todos, en apariencia, servían de la misma manera fervorosa y desprevenida a la revolución; todos, o casi todos, en sus horas libres cumplían tareas como alfabetizadores o milicianos, en la atmósfera libre, entusiasta y estrepitosa de aquellos tiempos.

Todos entraban o salían de las oficinas hablando a gritos, con esa fresca desfachatez del Caribe que a mí, hombre andino, paradójicamente, me ha fascinado siempre.

Fidel era para todos Fidel. Nada del Comandante, nada del Líder Máximo, o de Timonel de la Revolución; nada en mayúsculas o sacralizado. Fidel o el Caballo.

(«¿Oíste al Caballo anoche?»)

Cualquiera, en la puerta de la oficina, podía atraer la atención de los redactores sentados ante sus máquinas de escribir, imitando, en medio de risas y bromas, las gesticulaciones y palabras

del Caballo.

El humor era entonces una credencial revolucionaria.

Asimismo el humor o la falta de humor iban estableciendo fatalmente la línea de demarcación entre todos nosotros, fervientes de la revolución, y el prevenido y hosco burócrata del partido.

Al burócrata se le acababa reconociendo con facilidad. El burócrata rara vez reía ante las bromas ruidosas de los otros, juzgándolas sin duda irreverentes. Su actitud era la misma esquiva, de recelo y desaprobación, que uno de muchacho leía en la cara de aquellos alumnos modelo de los colegios jesuitas

ante un chiste subido de color.

De pronto, cambiando de actitud, el burócrata asumía el aire untuoso de un confesor que desea saber todas las implicaciones y sinuosidades de un pecado. Invitándolo a uno a beber un café, le preguntaba acerca de su país y de sus luchas políticas.

Era claro que tenía el encargo de establecer un informe.

El burócrata examinaba cada despacho precavidamente,

y siempre, como los prefectos de los colegios de jesuitas, estaba invocando la obediencia y la disciplina, la disciplina revolucionaria, en su caso.

Así, cuando había un mitin en La Habana, era el burócrata del partido quien decidía indicar dónde, cómo —de seis, de ocho en fondo— y con qué pancartas debían desfilar «los compañeros periodistas».

Aquello no se le había ocurrido a nadie. La revolución era una gran fiesta de entrada libre, con puertas muy anchas. Uno iba o no a los mitines; si quería, con una muchacha o con un amigo, se paraba en una esquina, se bebía un refresco, se metía a un cine o iba, por propia voluntad, por gusto, a oír a Fidel.

Si uno oponía reparos, el burócrata, todavía no dueño de autoridad alguna, amonestaba con suave crispación:

«Ésa es una actitud de soberbia y de individualismo pequeño burgués, compañero.»

Naturalmente también eran para él manifestaciones de elitismo, de esteticismo pequeño burgués las páginas de Beckett o de Kafka que publicaba Cabrera Infante en su magnífico *Lunes de Revolución*.

O simplemente literatura de maricones.

Pero personajes así no llegaban a inquietarlo a uno todavía. Cuando de regreso de La Habana, yo le refería aquellas cosas a Gabo, nos reíamos de ellas.

Los «mamertos» (nombre que dábamos en Colombia a los comunistas) eran iguales en todas partes. Los veíamos con el ojo divertido con que uno contempla hoy el cráneo rasurado, la trenza ridícula, la túnica color salmón, las panderetas de los discípulos de Khrisna en las calles, o los testigos de Jehová que van de casa en casa anunciando el muy cercano fin del mundo.

Sin embargo, cada nuevo regreso mío a La Habana (García Márquez iría después) iba revelándome la creciente intervención en todo de los miembros del partido y acentuándose la demarcación entre éstos y el resto de los periodistas de la agencia.

Ahora organizaban reuniones de vago adoctrinamiento y dejaban correr por los pasillos la idea de una dirección colectiva de Prensa Latina.

Si alguno de ellos volvía de Moscú, solicitaba autorización para realizar una charla sobre las maravillas de la Unión Soviética, las ventajas, las prerrogativas especiales, cantinas, guarderías, casas de recreo en el mar Negro,

que allí tenían los compañeros periodistas soviéticos.

Cuando Masetti, su eterno cigarro humeándole en la mano, se asomaba por la sala donde tenían lugar aquellas reuniones, no dejaba de advertir mi expresión risueña oyendo tan sublimes apologías.

—Che —me decía en voz baja—, ¿no te cansás de oír tanta pavada?

La aparición de un tal José Luis Pérez en Bogotá, como visitador especial de la agencia, fue para García Márquez y para mí la primera señal de alarma.

Burócrata típico, resultaba caricaturesco.

Ni siquiera actuó como un espía discreto, sino como un comisario, dueño ya de una parcela de poder; como un pequeño inquisidor.

Llegó a Bogotá por sorpresa. Anochecía ya cuando apareció por la agencia, calvo, maduro, hermético, examinándolo todo por encima de sus lentes, como un detective buscando en casa de un sospechoso huellas delatoras.

Se sentó detrás de un escritorio y empezó a interrogar a todo el mundo, hasta los mensajeros,

con una especie de incrédula suspicacia policial.

Haciéndose traer las noticias que habíamos enviado a La

Habana aquel día, fue subrayando aquí y allá, sobre el papel, con un lápiz cuidadoso, frases y palabras, haciendo anotaciones al margen.

Donde decía «funcionario diplomático americano» ponía «agente imperialista»; donde decía «fuerzas del orden»: o «fuerzas armadas» ponía «fuerzas represivas».

García Márquez y yo comprendimos al instante que se trataba de un «mamerto» del género más primario.

Le explicamos todas las reservas que suscitaba la agencia en los medios oficiales y en los órganos de prensa importantes del país por su origen cubano, y por qué, en consecuencia, para no cerrarse las puertas, debía extremar su rigor y objetividad.

Pérez se quedó mirándonos con la conmiserativa sonrisa del policía que ha confirmado, tras una indagatoria, todas sus sospechas.

—A las cosas, compañeros, hay que llamarlas por su nombre —dijo al fin con lentitud—. Un perro es un perro y un gato es un gato.

Quiso después saber la filiación política de los redactores. Todos, le contestamos, eran gente de izquierda.

—¿Tienen algún comunista? —preguntó sin rodeos.

Teníamos uno, en efecto, sólo uno, cuota que pareciéndole sin duda irrisoria avivó, tras de los lentes, el brillo suspicaz de sus ojos.

Era un redactor joven, diminuto, nervioso, lleno de hijos y de deudas, vestido siempre con la sombría y maltrecha corrección de un notario. Su menuda estatura lo inducía siempre a casarse con mujeres muy grandes; en navidad, impelido por la misma desmesura, compraba en la calle, para sus hijos, un pino tan gigantesco que no entraba en ningún vehículo; tampoco en su casa.

Nosotros lo mirábamos con simpatía: hervía en apuros, también los problemas de la vida parecían resultarle demasiado grandes.

Pérez quiso verlo de inmediato.

Inquieto, demacrado, sus ímpetus de grandeza obligándolo a colgar los pulgares de los bolsillos del chaleco a la manera de un magnate de otros tiempos, parpadeó cuando el cubano le preguntó si conocía a Gilberto Vieira, el secretario general del partido comunista.

—¿A Gilberto? —se le iluminó la cara—. Cómo no, cómo no.

—¿Podría llevarme donde él?

Nuestro modesto compañero mostraba la súbita animación de un foxterrier a la vista de un hueso.

—Cómo no, cómo no —se atropellaba sacando una libreta de teléfonos del bolsillo—. Vamos a ver.

Arreglada la cita, comisario y redactor salieron de la oficina y se perdieron en la lluviosa noche de Bogotá. Pérez se había llevado consigo fotocopia de las nóminas y de nuestras relaciones de cuentas.

Estábamos desconcertados.

—Estoy seguro de que Masetti no sabe qué vainas anda haciendo este tipo —dijo Gabo.

Yo pensaba lo mismo. Le propuse que le escribiéramos una carta contándole en detalle esta visita.

La respuesta de La Habana, desabrida, nos llegó días más tarde recordándonos que Pérez tenía toda suerte de atribuciones para examinar la marcha de las sucursales a fin de rendir un informe. La carta llevaba la firma de Masetti.

Cuando volví a La Habana, semanas más tarde, hablé con Masetti de aquel asunto, para nosotros incomprensible.

—Esas cosas no se pueden escribir —me reprochó—. Acuérdate que las cartas quedan en los archivos.

Estábamos en su oficina, solos, en esa hora tardía, la única en que nos era posible hablar tranquilamente, cuando en la agencia callaban las máquinas de escribir y en el Vedado, como velas consumidas, se iban apagando, una tras otra, las orquestas.

Masetti, con cara de fatiga, sentado detrás de su escritorio, miraba el humo del cigarro desvaneciéndose en la penumbra.

—Vos no sabés los problemas que tenemos aquí con ellos —suspiró de pronto, haciendo un breve ademán en dirección a la puerta, como señalando ese turbio mundo de conjuras e intrigas que latía afuera.

Ellos: así empezábamos a llamarlos. Ellos eran sigilosos, constantes, con oídos en todas partes. Ellos se movían en la penumbra del poder como conspiradores medievales. A ellos, sin que uno lo supiera, podía pertenecer cualquier secretaria dócil, el empleado que servía el café, un ascensorista.

Lo que se pusiera en un papel podían leerlo.

Entrábamos en una hora de sigilo y desconfianza, en una zona oscura donde era preciso guardar secretos,
     por culpa de ellos.

Masetti hizo girar de pronto la silla y se volvió hacia mí sonriendo.

—Es un verdadero oligofrénico, che.

—¿Quién?

—Pérez. Les puso a ustedes un espía en Bogotá.

—No puede ser.

A Masetti parecía divertirle sobremanera mi desconcierto.

—Un espía que les manda informes secretos.

(A ellos, claro, a ellos.)

Poniendo el cigarro en un cenicero, Masetti buscó un papel sobre su escritorio. Lo encontró. Llevándose de nuevo el cigarro a la boca, lo leyó en silencio, con expresión risueña.

—¿Y por qué dijiste vos que el embajador de Cuba en Colombia era un cafre? —Apartó la hoja, divertido—. Cafre, qué palabra.

—Hay una cosa que no comprendo, Masetti. Si el informe era para ellos, ¿por qué lo tienes tú?

—Y... se lo llevaron al Che Guevara. El Che me lo trajo preguntándome qué clase de hijos de puta manejaban la agencia en Bogotá.

—¿Qué le dijiste?

—Bueno, que no me parecían tan hijos de puta.

—¿Qué hago ahora con el espía?

—Dejalo un rato. Dejalo no más. Te vas a divertir con él jugando a Sherlock Holmes.

Claro, era nuestro diminuto redactor.

Nunca, estoy seguro, se le habría ocurrido a él, por su propia cuenta, jugar semejante papel. Formando parte de la gran familia de la izquierda (así, ingenuamente, lo creíamos); con el mismo fervor por Cuba, compartiendo los afanes cotidianos del mismo oficio, los mismos apuros de fin de mes, nunca se le habría ocurrido a nuestro pobre redactor, de no haber recibido órdenes del partido, traicionar, espiar, delatar a sus compañeros de trabajo.

Pero el partido es el mismo en todas partes. En Colombia, en Cuba o en la Unión Soviética. Y el partido, moviéndose como una sola secta, estaba empeñado en apoderarse de la agencia, sucursal por sucursal, del Estado, de la revolución,

de Cuba.

Hasta entonces sólo yo, como responsable titular de la agencia, viajaba a La Habana. Por consiguiente, García Márquez había seguido de manera todavía indirecta, por mis informes, el proceso que venía cumpliéndose en Cuba.

Pero muy pronto él también viajaría a La Habana y los papeles se invertirían:

sería él quien vendría a contarme cómo «ellos» seguían conspirando dentro de la agencia, cómo sus maniobras, sus designios, iban haciéndose evidentes.

Aquello ocurrió después de que Masetti, en viaje hacia el Brasil, hiciera una escala de dos días en Bogotá.

Hombre agudo, intolerante, imposible, antipático con la persona que le parecía falsa, doble, pero al contrario, rápida y favorablemente dispuesto hacia quien fuese eficaz, inteligente, cierto, limpio, con algunas chispas de humor,

Masetti simpatizó con Gabo de inmediato.

Se dio cuenta de que era un tipo excepcional.

«Voy a romper esta yunta que ustedes se tienen armada», nos dijo la última de las dos noches que pasó en Bogotá.

Estábamos, recuerdo, en el apartamento de Gabo, sentados en la alfombra de la sala. Mercedes y el niño dormían. Era muy tarde (Masetti, insomne como un búho, dilataba siempre la hora de meterse en la cama). Por el ventanal se veía la ciudad, dormida también, pero algo, el remoto canto de un gallo, estrellas desvanecidas, anunciaban una aurora inminente.

Bebíamos un resto de vino, soñolientos.

«Necesito gente —decía Masetti—. En La Habana, en todas partes. No puedo dejarlos a los dos en una sola agencia. Así que decidan, cuál se viene conmigo.»

Nos miramos con Gabo.

Yo había vivido muchos años fuera de mi país. Experimentaba en aquel momento el deseo de reinstalarme en Colombia, poniendo fin a un exilio muy largo. Lo dije.

Gabo reflexionó unos segundos.

—Está bien —dijo—. Salgo yo.

(¿Podía imaginar que con aquel par de palabras estaba decidiendo para sí mismo un largo exilio voluntario de su país que dura aún?)

Muy pocos días después, estaría trabajando en La Habana mientras Masetti decidía adónde lo enviaría de modo definitivo.

Mercedes, mi comadre, que ya estaba aprendiendo a vivir como gitana, aguardaba en Bogotá con Rodrigo, haciendo preparativos de viaje.

Gabo regresó al cabo de unas semanas de entrenamiento en La Habana. En vez de Montreal, era remitido a Nueva York. Hervía de informaciones, confirmando todo lo que yo había olfateado. Me contaba cosas significativas.

Saliendo una noche del edificio del Retiro Médico, muy tarde, Masetti y él habían advertido en lo alto, donde funcionaban las oficinas de Prensa Latina, luz encendida en una ventana.

—Qué extraño, che. ¿Quién habrá quedado dentro?

Habían subido de nuevo a la agencia; habían recorrido pasillos a oscuras hasta la sala donde permanecía, misteriosa, delatándose por una raya blanca bajo la puerta, aquella luz.

Masetti abrió. Sentados en torno a una mesa, serios, concentrados, sigilosos como miembros de una reunión de espiritistas, estaban «ellos».

—¿Qué reunión es ésta?» —preguntó.

Ellos cambiaban miradas incómodas entre sí.

—Masetti, es una reunión política —dijo al fin el que parecía ser el jefe de la célula, ásperamente.

Masetti los observó en silencio.

—No quiero reuniones al margen de los otros —dijo después—. Mejor se van a dormir ya.

Agrios, uno tras otro fueron levantándose.

Gabo, desde luego, como yo, había advertido muy rápidamente la línea divisoria, hostil, establecida entre ellos y el resto de los periodistas.

Muchos de estos últimos fueron sus amigos (caribe, al fin, Gabo establecía muy buena comunicación con los cubanos). Fidelistas, milicianos y alfabetizadores en sus horas libres, agrupándose instintiva, defensivamente, frente a los comisarios,

no entendían aún bien por qué éstos andaban siempre introduciendo dudas, sospechas sobre la firmeza revolucionaria de algún compañero valiéndose de cualquier pretexto, de cualquier frase, a veces un simple chiste, que aquél desprevenidamente hubiese largado.

García Márquez había visto cómo los ingenieros y técnicos de la agencia, encargados de instalar nuevas antenas y redes de teletipos, eran sometidos por «ellos», con las sacrosantas razones de la vigilancia revolucionaria, a una especie de espionaje policial, de hostilidad sistemática, de interrogatorios suspicaces.

Masetti se indignaba:

«No va a quedar uno solo de estos ingenieros en la agencia. Se van a ir para Miami, ya deben de estar haciendo sus valijas. Por culpa de estos tarados, che.»

(Aquello resultaría literalmente cierto. Los técnicos se asilarían y las comunicaciones acabarían en manos de técnicos soviéticos.)

«Ellos» asomaban ahora las orejas en todas partes. Así, cuando Masetti de manera todavía confidencial, propuso a Gabo que abriera las oficinas de la agencia en Montreal, la noticia les llegó sin saber cómo.

En un pasillo de la agencia Gabo fue interceptado por un tipo amistoso.

—Oye, García Márquez, sé que vas a Montreal. Te felicito, viejo. Y a propósito: conozco el Canadá: soy teletipista, hablo inglés y algo de francés. Si te parece, háblale a Masetti. No es que yo quiera irme, pero podría serte útil allá.

Masetti sonrió al oír el nombre de este operador voluntario.

—Es uno de «ellos» —dijo—. Así, desde el comienzo, pueden controlarte.

Pese a su movilidad, a su capacidad de infiltrarlo todo, «ellos» no parecían constituir aún una real amenaza. Masetti,

sus amigos argentinos (Rodolfo Walsh, nuestro amigo, que años después sería secuestrado, torturado bárbaramente, «desaparecido» en la Argentina, era el más cercano),

la gran mayoría de los periodistas cubanos,

creían contar con Fidel, con el Che, con todos los barbudos de la Sierra, frente a esta torpe conjura.

Pero la situación se iba volviendo insostenible. Así, confiando en este enorme respaldo detrás suyo, Masetti decidió romper la ampolla, echando fuera, de un plumazo, a todos los comisarios, o mandándolos a los países del Este, como corresponsales.

Fue un sorpresivo golpe dado a los propios golpistas.

Desde luego, la partida de Gabo, de Mercedes y mi ahijado para Nueva York me dejaba un tanto huérfano. Más que un amigo, yo era, de tiempo atrás, un miembro de la familia. Hacía años que andábamos juntos con Gabo,

por todas partes era yo testigo de su trabajo sigiloso de escritor, de la manera como se las arreglaba siempre para llevar adelante sus libros.

Compartía inclusive esa extraña esquizofrenia de novelista que llega, día a día, a convivir con sus personajes, como si fueran seres con vida propia, ajenos a él. Antes de escribir cada capítulo, me lo contaba.

Los Gabos, como los llamábamos ya, me dejaron su juego de comedor y otros muebles. Como yo, eran pobres de solemnidad.

Cuando se fueron, pues, me sentí un tanto perdido, sin saber adónde dirigirme después del trabajo, soltero y solitario en aquella lúgubre ciudad de mi infancia, padeciendo sus tristes campanas del crepúsculo, sus domingos de lluvia.

«Cásese, compadre», me decía Mercedes, a veces.

«¿En Bogotá? No hay con quién, comadre. Quizás deba hacer una gira por las provincias.»

«Búscate una costeña. Es lo que te falta a ti. ¡Ay, qué fastidio si te llegas a casar con una cachaca!»

Pese a haber nacido en un departamento del altiplano andino que tiene a la vez una fuerte raíz indígena y castellana, regionalmente yo participaba ya del mundo caribe de Gabo y Mercedes, especialmente de Barranquilla, la ciudad donde tenían sus mejores amigos, que yo acabé heredando.

Sin saberlo, Barranquilla estaba escrita en las líneas de mi mano: allí, siguiendo el consejo de Mercedes, me casaría; allí nacerían mis hijas; allí viviría años de luz y olvido, cuando nuestra experiencia cubana, dolorosamente, llegó a su fin.

Ese fin, para nosotros, estaba próximo.

Pese a todo, nuestro fervor no había menguado. Las oficinas de Prensa Latina, en Bogotá, estaban llenas de muchachos fervientes. Cada semana había mítines de apoyo a Cuba en las calles, muchos de ellos organizados por mí.

Los fines de semana, con aquellos universitarios castristas, viajaba por apartadas, a veces hirvientes regiones del país, organizando grupos.

Cuando volví a La Habana, encontré a una ciudad tensa, esperando de un momento a otro una invasión. En cada esquina, en cada azotea, había puestos de combate. Periodistas uniformados trabajaban con el fusil al alcance de la mano. Encerrado en un cuarto lleno de poderosos aparatos de radio,

Rodolfo Walsh, con un misterioso libro de claves, intentaba captar mensajes de la CIA.

Expulsados los comisarios, las oficinas habían recobrado la atmósfera fraternal, entusiasta de antes. Pero los expulsados, me dijo Masetti, adelantaban gestiones con el Ministerio de Trabajo, que estaba virtualmente bajo su control, para hacerse reenganchar en la agencia, por decisión venida de lo alto.

Di un salto a Nueva York. Encontré a Gabo viviendo en un hotel cercano a la Quinta Avenida, un hotel residencial de pequeños apartamentos, limpio y vetusto, con cobres relucientes y plantas en el vestíbulo, y negros, canosos porteros con uniforme que se despabilaban con alborozo cuando veían aparecer, diminuto, travieso, caminando de prisa, sus dos grandes ojos alertas espiándolo todo,

a Rodrigo, mi ahijado.

La agencia en Nueva York respiraba la atmósfera electrizada de aquellos días. A través de muchos indicios delatores, del ajetreo inusual de la ya muy grande colonia de exiliados cubanos, la invasión también allí se presentaba como algo inminente.

Islote castrista en aquel océano hostil, sobre Prensa Latina llovía diariamente, apenas se descolgaba el teléfono, un torrente de amenazas e injurias.

«Eso díselo a tu madre, cabrón», replicaba Gabo, tranquilo, casi rutinariamente cuando le correspondía contestar una llamada.

Una tarde, las amenazas habían sido más personales y concretas: «Tienes una mujer y un niño —dijo una voz masculina—. Sabemos dónde vive. Mejor te vas yendo.»

Gabo mantenía junto a su máquina de escribir una barra de hierro, en previsión de cualquier asalto a la agencia.

Pese a todo, como siempre, de noche, continuaba escribiendo.

La invasión se produjo al fin. Apenas empezaron a saltar sobre el papel, captadas por nuestro operador de radio en Bogotá, las primeras palabras anunciando el desembarco en bahía Cochinos, respiré aliviado. Todo el mundo, creo, respiró aliviado también en La Habana: lo que debía ocurrir era mejor que ocurriera de una vez.

Conforme a un plan que había previsto para esta eventualidad, despaché boletines con la noticia y un llamado de Fidel a todas las universidades, sindicatos, parlamentarios amigos y organizaciones de izquierda.

A mediodía, el centro de la ciudad hervía de gentes y de gritos; al anochecer, viniendo de los barrios de las oficinas, de las universidades, millares de personas convergían hacia la plaza de Bolívar con banderas y pancartas de apoyo a la revolución cubana. Oradores arengaban a la multitud, mientras las principales avenidas del centro de la ciudad eran patrulladas por la policía.

Sorpresivamente, nuestros despachos fueron aquel día, por primera vez, rehusados en la oficina central de Telecomunicaciones Telecom.

Sin duda, la CIA, actuando en coordinación con los servicios de inteligencia locales, había puesto en marcha un plan para neutralizar a las sucursales de la agencia en todas partes.

Las comunicaciones telefónicas con La Habana habían sido interrumpidas.

Llamé a Gabo a Nueva York.

«No se reciben mayores noticias —me dijo él—. Hay fuertes combates.» Yo quería enviarle por teléfono lo esencial de nuestros despachos para que él, por teletipo, los retransmitiera a La Habana.

«Espera, espera —me contestó—. Abajo, en la Quinta Avenida, hay un télex público. Llamo desde allí a tu télex y tú pasas las noticias.»

Así lo hicimos. Con algo tan simple, la CIA fue burlada.

Al día siguiente, agentes de la seguridad nacional, abriéndose paso a través del enjambre de dirigentes políticos, parlamentarios de la izquierda liberal y universitarios que llenaban las oficinas en busca de noticias, vinieron a interrogarme. Luego, requisaron la agencia.

Me di cuenta, divertido, que buscaban un transmisor de radio. Debían de pensar que teníamos uno oculto, en algún lugar. No entendían cómo, de otra manera, nuestras noticias habían llegado a La Habana.

Durante los tres días que duraron los combates en Cuba, Bogotá vivió una fiebre de manifestaciones, desfiles, protestas, despliegues policiales, igual que en Caracas, Lima o Santiago. Igual que en toda América Latina. Cuba polarizaba las opiniones; se estaba a favor o en contra, con vehemencia.

Así, cuando se produjo el anuncio final de que la invasión había sido aplastada y de que los invasores se habían rendido, nuestros viejos amigos, el director y los dos jefes de redacción de *El Tiempo*, los hermanos Santos Castillo, ferozmente anticastristas, tenían los ojos húmedos de lágrimas al pie de los teletipos,

en tanto que a mi lado en las siempre atestadas oficinas de Prensa Latina, se vivían horas de delirio.

Universitarios traviesos redactaron en un escritorio de la agencia un aviso mortuorio:

«LA CONTRARREVOLUCIÓN HA MUERTO.»

Sus deudos...,

y allí ponían, además de la CIA, nombres de personajes políticos y periodistas que combatían con ardor la revolución cubana.

Aquel cartel, admitido de modo rutinario por el empleado de una agencia funeraria, como si se tratara de un verdadero fallecimiento, apareció al día siguiente respetuosamente pegado en los muros y puertas de todas las iglesias.

«Siniestra humorada roja», tituló un periódico.

El temido anuncio lo recibí un domingo en la tarde.

Veo aquel momento.

Sin otra cosa que hacer, movido por la fuerza de la costumbre, he venido a sentarme en mi oficina. Nadie hay en la agencia, salvo un operador de radio, cuya máquina de escribir escucho tabletear, lenta, siguiendo el ritmo de la transmisión en morse, en la pieza contigua.

Es una tarde de sol. Por la ventana se ven las calles vacías del centro de Bogotá; sólo algunos transeúntes parecen errar, sin rumbo, en la soledad del domingo. A esta hora la ciudad se aglomera en el estadio de fútbol o en la plaza de toros.

De pronto suena el teléfono: oigo la voz de una operadora hablando en inglés, luego la voz de Masetti.

«Sos uno de los primeros en saberlo: acabo de presentarle a Fidel mi renuncia.»

Cuando le pido detalles, me dice:

«Mejor te venís a La Habana.»

Al colgar el teléfono, me quedo viendo zumbar una mosca en el ámbito soñoliento, inundado de sol, de la oficina: otra cosa que termina, pienso.

Había ocurrido lo que, dada la evolución general de la situación cubana, era de esperarse: el Ministerio de Trabajo cubano, en manos ya de gentes del partido, habían ordenado el reenganche de los periodistas despedidos por Masetti.

En vez de acatar dócilmente esta orden, intransigente, vertical como era, Masetti había enviado su renuncia a Fidel. Fidel no había contestado nada. Fidel, hermético, imprevisible, guardaba silencio. Se había limitado a pedirle a Masetti

(signo juzgado por éste como muy positivo)

que formara parte del panel de periodistas encargado de interrogar públicamente, ante las cámaras de televisión, a los prisioneros cubanos, los llamados «gusanos» que habían participado en la invasión.

Hablando con Masetti (en su casa, mientras preparaba un asado) me di cuenta de que en el fondo aguardaba ser confirmado en su cargo.

Fidel había confiado siempre en él, desde los días de la Sierra (cuando Masetti, enviado por una emisora argentina, había venido a entrevistarlo); Fidel había aprovechado sus viajes para enviar con él mensajes a otros jefes de Estado, como Janio Quadros o Nasser; Fidel lo llamaba todas las noches, muy tarde, para saber qué novedades había en el mundo.

Fidel debía de saber —imposible no verlo— que el partido, en su afán de colocar gente suya en todas partes, empujaba al exilio, inevitablemente, a millares de hombres, hasta entonces fervientes de la revolución.

Yo pensaba lo mismo.

Pero había algo que hacía temer lo peor. Algo, una oscura preocupación, un aire de perplejidad, de vago desamparo en los periodistas de la agencia, que se agrupaban en torno a Masetti.

Había una atmósfera de aguda incertidumbre en todos aquellos compañeros, hombres y muchachas, que venían ahora a casa de Masetti, más solidarios que nunca entre sí, para beber un café, barajando rumores oídos aquí y allá.

Estaban lejos los días en que, sin zozobra alguna, hablaban a gritos y reían y hacían bromas a propósito del Caballo.

Para ellos, para mí, para Gabo en Nueva York, los días transcurrían bajo el peso de aquella espera.

Al fin, una tarde, a las dos, se produjo la noticia. Yo estaba con Masetti y con Conchita, su esposa, almorzando, cuando apareció un redactor de la agencia, pálido, sofocado:

—Llegaron, Masetti. Llegaron ya —dijo.

Y habían llegado, en efecto. Ellos.

Minutos antes, precedidos por una columna de milicianos armados (milicianos del partido, claro), que atendían con un sonoro, obediente, igual estrépito de botas las voces de un oficial (del partido también), habían aparecido por los ascensores, habían tomado control de las oficinas de la agencia, haciendo salir a todos cuantos allí se encontraban, sin oír sus razones ni esperar a que recogieran sus papeles.

Cuando la limpieza quedó hecha, «ellos» habían subido. Todo estaba previsto para que la agencia continuara marchando, sección por sección (un hombre para cada teletipo, un redactor para cada máquina de escribir), pero esta vez con gente suya, ciento por ciento suya, sumada a unos cuantos pobres diablos (pocos por cierto) que se apresuraron a denigrar de Masetti y a ponerse al servicio del nuevo director: Fernando Revueltas, un español que «ellos» podían manejar a su antojo. Nombrado por Fidel, claro.

Nuestros amigos iban apareciendo, en pequeños grupos, sigilosamente, como cristianos perseguidos que buscaran refugio en una catacumba. Sentándose en la sala —La Habana, vibrante de luz, abriéndose frente al Caribe en las ventanas del apartamento—, sudorosos dentro de sus ligeras ropas tropicales, fumando en silencio o hablando en voz baja, parecían deudos afligidos,

figuras sombrías de una visita de pésame.

Una broma, cualquier risa que estallaba de pronto, se hundía rápidamente en un lago de estupor y oscuras cavilaciones.

Yo observaba a aquellos compañeros de trabajo, casi todos muy jóvenes, alguno con su novia, otro con su esposa y un bebé, todos ellos desalojados de la agencia por los milicianos del partido, todos fuera de ella, ya.

En otras épocas habían sido despedidos de su empleo. Cesantes habían quedado, luego de alguna discusión con el director o el redactor en jefe del *Diario de la Marina*, de *Bohemia* o de *Carteles*.

Pero aquello, en otros tiempos, no era un drama. El redactor despedido, el redactor que en un arranque había renunciado a su empleo y se había ido golpeando las puertas, encontrándose repentinamente libre de horarios, de los inmediatos apremios de su oficio, disfrutaba de una tarde de ocio; entraba en un cine; bebería despacio un café, de pie en una acera, mirando las bonitas, esbeltas muchachas de La Habana caminando contra la tibia brisa marina;

comería un plato de camarones frescos en algún bar de La Habana Vieja, con sus amigos; tomaría algunas cervezas heladas, en la noche, o unas copas de ron, seguro de que al día siguiente, en otra revista, en otro periódico, en una emisora, en un noticiero de televisión, en la agencia de publicidad de un conocido,

encontraría empleo.

Ahora no era así. Ahora, por primera vez en su vida, se daba cuenta, como me daba cuenta yo, que en el socialismo, tan alegremente admitido por él, pregonado en lemas y cantos revolucionarios, no hay sino un solo patrón,

el Estado.

Y si este único patrón, por cualquier circunstancia, llegaba a considerarlo a uno políticamente sospechoso, poco confiable, demasiado díscolo, uno quedaba repentinamente a la deriva, en el limbo, sin saber qué hacer de su vida.

Sin duda, no lo habían pensado antes. Sólo ahora, con estupor, lo descubrían, como lo descubría yo mismo.

¿Cuál había sido, en suma, su pecado? ¿Por qué se encontraban, de pronto, sin trabajo, sin perspectivas fáciles de hallar otro, en una situación profundamente incierta?

Habían sido fidelistas entusiastas, habían sido alfabetizadores o milicianos en sus horas libres, habían creído dejar atrás las venalidades que en otras épocas, antes de la revolución, contaminaban su oficio: los sobornos, los cheques con que un senador, un ministro, un empresario, pagaban, bajo la mesa, alguna información publicada de contrabando. Estaban seguros de estar trabajando ahora al servicio de la revolución; de la verdad, por primera vez.

Su pecado no era otro que el de continuar siendo fieles a su identidad de cubanos: díscolos, bromistas, irrespetuosos, habladores, caribes, alérgicos a la prudencia, a la rigidez, a la duplicidad, al jesuitismo, a la obediencia ciega, religiosa, de los miembros de aquella secta,

el partido.

Su pecado, según los comisarios, y para decirlo en su propio lenguaje codificado, litúrgico,

era, compañero, ese individualismo, esa soberbia pequeño burguesa, producto de una escasa «concientización», la poca comprensión que mostraba del proceso histórico que se estaba viviendo, cuando se estaba al servicio de la primera revolución antiimperialista de América;

su pecado era no entender debidamente, compañero, que amenazada esa revolución por el imperialismo, un imperialismo poderoso, rapaz como un buitre, a sólo noventa millas de nuestras costas, había que cerrar filas disciplinadamente para defenderla, sin hacerle el juego a sus enemigos con actitudes y posturas reaccionarias:

el anticomunismo, por ejemplo, el antisovietismo, las bromitas de mal gusto sobre los compañeros soviéticos (que huelen a mono, que sus películas son una mierda), olvidando que gracias a ellos están ahí todavía, firmes: ¿quién nos compra el azúcar, quién nos vende el petróleo, lo ha olvidado, compañero?

Y este esteticismo decadente, ese gusto por un arte burgués, tan ajeno a la vida, a las luchas de la clase obrera, poemitas de Breton, alambritos de Calder, cuentecitos de Kafka, películas de Bergman, mierda metafísica ésa sí,

mariconadas, compañero, que nada le dicen a un obrero, a un heroico goajiro, a una compañera campesina.

En suma, el pecado de aquellos periodistas agrupados en el apartamento de Masetti era el de no haberse formado en los conventos del partido y no comulgar con sus dogmas, su lenguaje, su torpe mentalidad dócil, venida del fondo de la noche asiática, de los Urales,

par Stalin interposé.

Su pecado, en otras palabras, era el de no ser, no haber sido comunistas.

Es decir, el de no pertenecer al partido que sólo a última hora, y para no quedarse por fuera de ella, se había sumado a la revolución.

Kafka se habría chupado los dedos con esta historia.

¿Qué ocurriría con aquellos periodistas, después? Puedo imaginarlo, puedo valerme de la experiencia de otros cuantos amigos cubanos que vivieron el mismo proceso, para suponer las diversas alternativas de su destino, una vez que yo dejé la isla.

Ante todo apoyándose, como nos apoyamos todos los latinoamericanos, en la amistad, irían a buscar amigos prominentes. Amigos a los que explicarían, con lujo de detalles, su situación.

—Chico —empezarían a disculparse sintiendo ya ese oscuro reato, ese indefinible y latente sentimiento de culpa que pudo plantar en su conciencia una educación católica—, yo no soy ningún gusano. Tú me conoces, sigo firme.

Pero el amigo, aun comprendiéndole, nada podrá hacer.

También él teme la herejía cometida aunque sea por simple descuido. También él ha empezado a sentir brumoso, omnipresente, el ojo del inquisidor. Aquel compañero bien pudo cometer un error, aunque él no sepa a ciencia cierta cuál.

—Algún error debiste cometer —le dirá.

La revolución no se equivoca.

Así, el compañero caído en desgracia, irá de puerta en puerta explicándose y a medida que encuentra las mismas miradas huidizas, las mismas reservas, su desconcierto irá creciendo.

(También su sentimiento de culpa.)

Descubrirá una realidad abrumadora: el Estado, ahora absoluto, omnipresente, no se materializa, no tiene oído para escucharlo, ni corazón para compadecerlo. El Estado no se interesa

por su minúsculo destino individual.

¿Qué camino le quedará entonces al compañero caído en desgracia dentro de la revolución?

Si es orgulloso, firme, si le arde con facilidad su sangre española o su sangre de indio caribe o su sangre negra, o las tres a la vez, todas ellas arrogantes; si no puede ni comprender ni aceptar lo que está ocurriéndole y purgar culpas que no cree haber cometido, terminará por tomar la ruta del exilio,

posible todavía, con tanto avión abarrotado de gentes en su misma situación despegando de Rancho Boyeros hacia el Norte, con tanta banderola en las calles recordando en letras rotundas:

«EL QUE SE QUIERA IR QUE SE VAYA.»

Si no es así, si el compañero caído en desgracia no quiere dejar su país, si cree que aquello es sólo un desvío momentáneo de la revolución o si hay en su carácter un elemento de fragilidad, un reflejo instintivo del antiguo esclavo que agachaba la cabeza ante la amenaza del látigo, acabará admitiendo con humildad su falta, haciendo su autocrítica ante cualquier comisario dispuesto a redimirle.

—Admite, chico, que tu comportamiento fue objetivamente contrarrevolucionario.

—Admito, admito.

Volverá a un empleo. Pero dentro de él, dentro de aquel compañero, algo que antes se expandía libre, como una planta adulada por la luz, por el agua, habrá muerto; algo que tenía raíces en su propia idiosincrasia nacional, algo que estaba escrito en su ámbito de sol, en su música de sones, de rumbas y guacharas, en sus abuelos rebeldes,

en la ensangrentada historia de su isla siempre luchando por la libertad,

habrá desaparecido.

Ahora vivirá para siempre temeroso, cuidando sus palabras, rehuyendo amigos sospechosos de inconformidad, cuidándose de hablar mal del Caballo, de las colas, del racionamiento, de las barbas de Lenin, del *Gramma*,

de las películas soviéticas, de los dentífricos checos duros como cemento.

Ahora da cuenta de cada paso suyo a los organismos de vigilancia, llamados de defensa de la revolución, que en la manzana donde se encontrará su casa, sabrán cuándo llegó borracho

y con quién se acuesta.

Como en los tiempos de la inquisición.

Así pues, aquel futuro —en sus diversas alternativas: el exilio y la sumisión— aguardaba a nuestros amigos de Prensa Latina, agrupados allí hace ya tantos años, en el apartamento de Masetti. Ellos no tenían aún por qué preverlo. Pero intuían algo oscuro, incierto, nuevo, amenazante: se les veía en los ojos.

El problema de Masetti era distinto. Más grave.

Por su propia entereza, por la espontánea, natural verticalidad de su carácter, Masetti no podía pactar o transigir con el partido, menos aún someterse a su obtusa ortodoxia de secta.

Los comunistas de la agencia, con alguna excepción, eran mediocres, oscuros; todo lo que sabían era fiscalizar el trabajo de los otros en nombre de su rígida y alienada verdad.

Nada podía marchar de manera eficaz con burócratas de este género.

¿Por qué (si en la intimidad, el propio Fidel y el Che solían hablar con sarcasmo de ellos) debía darles la razón?

Para él se trataba de una maniobra conseguida por simple inadvertencia de los comandantes de la Sierra. Los comisarios querían arrinconarlo, obligarlo a irse, quizás a asilarse, para justificar su conjura y aparecer ellos mismos como los más seguros, los más firmes, vigilantes y confiables revolucionarios.

No iba a hacerles el juego.

Así, su propio rigor, su intransigencia admirable, lo iban colocando en una situación sin salida.

Me di cuenta de ello el mismo día en que la agencia fue ocupada por el partido.

Había anochecido. En un momento, mientras todos sus redactores llenaban la sala, fumando y hablando, la frente nublada de preocupaciones, Masetti me llamó aparte, a su cuarto.

Intentaba hallar una salida no sólo para él, sino también para sus desalojados redactores: hablaba de un libro sobre Cuba, de una revista destinada a América Latina. El Che le daría los medios para poner en marcha cualquiera de estas empresas, decía, sentado al lado mío, en su cama de matrimonio, frente a la ventana abierta sobre la noche de La Habana, rutilante de luces.

Yo sabía que todo aquello era imposible.

El Che no podía favorecer a su compatriota. Además, alentar una empresa periodística paralela, que de antemano contaría con la hostilidad del partido, era acentuar fisuras dentro del aparato de la revolución que para Fidel, en aquel momento, debía ser monolítico. A cualquier precio.

Se lo dije.

Fue entonces cuando Masetti, al cabo de un silencio largo, en el cual dejó errar la mirada distraídamente por aquel paisaje nocturno de la ciudad, más desplegado en la ventana, murmuró al fin, con una voz taciturna, y casi amarga:

—Che, no puedo asilarme. En último caso me enrolaré como soldado.

—¿Soldado raso?

—¿Por qué no?

Yo callé. También podían impedírselo. Ellos.

Esto, claro, no se lo dije. Habría sido demasiado cruel irle cerrando, una a una, todas sus salidas. Psicológicamente las necesitaba para aliviar sus tensiones.

Le anuncié simplemente que al día siguiente presentaría mi renuncia y que viajaría a Nueva York para hablar con Gabo.

La carta, dirigida a Revueltas con copia al presidente Dorticós, por insinuación del propio Masetti, la deposité al día siguiente.

Compartiendo las orientaciones de Masetti, no entendía el alcance de su sustitución como director general de la agencia, decía en aquel papel. Seguiría, desde luego, dándole mi apoyo a la revolución como activista político y periodista independiente en Colombia.

Dos días después recibí en mi hotel una llamada de la agencia. Fernando Revueltas, el nuevo director, quería verme.

Me resultaba muy extraño ver a aquel español sexagenario, de pelo canoso, detrás del escritorio de Masetti. Al lado suyo, se había sentado, con aire grave, vigilante, de comisario, un individuo uniformado.

Revueltas tenía mi carta en la mano.

—No estoy de acuerdo con los términos de su renuncia —me dijo—. La revolución hace remociones cuando lo considera necesario. Como buen revolucionario, a uno sólo le correspondía acatarlas sin preguntarse nada.

—Pienso de otro modo —contesté, y Revueltas y el comisario cambiaron entre sí una mirada significativa—. Para mí todo puede ser susceptible de cuestionamiento, todo debe ser explicado.

El comisario habló por primera vez:

—Eso es soberbia —dijo.

No habló, como sería de esperarse, de soberbia pequeño burguesa, sino de soberbia a secas.

—Yo lo veo como una cuestión de principios personales —expliqué.

—Allá usted —hizo un gesto Revueltas—. Nosotros obedecemos a la revolución disciplinadamente. —Se levantó y me extendió la mano—. De todos modos le agradezco su franqueza.

El comisario no se despidió. Permaneció sentado, mirándose bruscamente las uñas.

Cuando bajé por la calle de la Rampa en busca de mi pasaje de avión, me sorprendió ver la inmensa cola que salía de las oficinas de Panamerican Airways. Era la primera vez que reparaba en ella. Extendiéndose a lo largo de la acera, estaba formada por hombres y mujeres que aguardaban bajo el sol con una paciencia abrumadora.

¿Burgueses, gusanos todos?

Si el proceso que yo había vivido de cerca en Prensa Latina era el mismo en todas partes, resultaba fácil imaginar cuántos fidelistas desplazados, desencantados, hacían cola allí, en busca de algún destino posible en otro país.

Allí estaban muchos de los que un año atrás llenaban plazas y estadios aclamando a Fidel.

—¿Toda esta cola para comprar pasajes de avión? —pregunté a uno de los que aguardaban allí.

El hombre alzó una mano velluda para retirar su cigarro de la boca.

—¿Pasajes? Ojalá, chico, ojalá fuera así.

No había plaza disponible en aquellos aviones, que hacían vuelos diarios a los Estados Unidos, sino hasta septiembre, me dijo. Estábamos en mayo. La cola se hacía para obtener un turno: es decir, una opción después de aquel lapso.

Me corrió un frío por la espalda.

Mirando desde la calle al azul mar de La Habana dilatándose en el horizonte, recuerdo haber pensado en una palabra, islofobia.

Temor de no poder salir nunca de una isla: una forma nueva, aguda, de la claustrofobia. Supongo que muchos cubanos deben de padecer hoy de ese mal.

Bajo el acoso de esta sensación, uno tiene las ideas más locas: escapar navegando en cualquier cosa que flote en el agua.

No fue necesario, sin embargo. Masetti me recomendó hablar con Martínez Pedro, el hasta entonces gerente de la agencia. Cercano colaborador del Che Guevara, ahora volvía de nuevo a su servicio: El Che, discretamente, mantenía distancia frente al partido rodeándose de gente de toda su confianza.

Martínez era un hombre agradable, de buen humor, que yo apreciaba.

—¿Así que te vas? —me dijo hablando de un modo confidencial.

—¿Qué piensas hacer en Colombia?

En realidad, no lo había pensado. No había pensado en ningún futuro.

—No sé —le dije.

—¿Y vas a Nueva York para hablar con Gabriel?

—Espera noticias mías.

Martínez Pedro lo comprendía todo muy bien. Tomando el teléfono, marcó un número.

—Oye, necesito un cupo para Nueva York... mañana... sí, hermano. Mañana... Pues bájame un gusano de esos. Se trata de un compañero que viaja en misión especial. Orden de arriba, no te digo más... Listo.

Me guiñó un ojo.

—Ven a mi casa esta noche. Estará Masetti. Nos beberemos una copita de Bacardi. ¿Te gusta la música?

Era como volver a una Habana de otros tiempos, refinada y secreta; volver de pronto al mundo burgués que ahora desaparecía para siempre, con sus grandes casas en orden, su refinamiento de tapices y cuadros y pulidas caobas, todo dispuesto con gusto, suavemente refrigerado, protegido por silenciosas ventanas corredizas del polvo, del calor, del trópico y del estrépito revolucionario.

En esta atmósfera transcurrió mi última noche en La Habana; una velada que parecía fuera del tiempo y del espacio.

Los Martínez Pedro vivían en el Vedado. Elegante, bonita aún, ella, su mujer, tenía clase y el humor rápido de su marido. Algo en la pareja (Buñuel habría hablado del discreto encanto de la burguesía), representaba un mundo en vía de extinción,

el mundo esplendoroso del Vedado en otros tiempos:

mansiones con mármoles y balaustradas, jardines, grama muy verde, surtidores, parasoles, piscinas, daiquiris helados, camareros, autos refrigerados, canchas de tenis, clubes, hombres vestidos de lino, mujeres esbeltas de manos finas, largas gargantas, pulseras tenues como suspiros, tardes de ocio bajo las palmeras,

todo ello apoyado en imperios de caña y tabaco o papel impreso, en fábricas de cerveza o destilerías que serían luego confiscadas por la revolución.

Viendo a mis anfitriones aquella noche, la última que pasé en La Habana, yo imaginaba las secretas, quizás dolorosas rupturas de ellos con gente de su clase, ahora emigrada a la Florida.

Enamorados de su país, de sus tradiciones profundas, de los valores ancestrales de su cultura (adoraban la música afro, tenían cascadas de grabaciones hechas por ellos mismos en velorios y ritos de santería), los Martínez eran solidarios de la revolución quizás por todo lo que ella podía representar como reivindicación de una identidad nacional, en aquel momento.

Así, se habían quedado en medio de barbudos, de milicianos, de muchedumbres todavía entusiastas, de aciagos comisarios que ya asomaban las orejas, quizás desaprobando en silencio cosas para ellos incomprensibles, pero fieles a lo más limpio de la revolución. ¿No eran, acaso, amigos del Che?

Dentro de su particular perspectiva, sin espinas dogmáticas, obedeciendo a un viejo código de señores, no debía de resultarles elegante, de buen gusto, dar la espalda a los caídos.

Darnos la espalda a nosotros, por ejemplo.

Así, habían desplegado aquella noche individuales de lino, cubiertos de plata, porcelanas y cristales de otros tiempos, habían sacado buenos vinos franceses, habían encendido velas en altos candelabros, habían puesto en el estéreo la música antigua y ritual que habían capturado en su viaje por la isla, y luego,

para complacer a Masetti,

viejos, sublimes, ridículos tangos seleccionados con humor del repertorio porteño.

Sobre aquellos tangos le hacíamos bromas a Masetti la esposa de Martínez y yo.

«Qué grande, Che.»

Masetti reía, recuerdo.

Masetti ríe y alza la copa: así ha quedado en la memoria. Masetti alza la copa riendo en el resplandor de las velas, feliz por unas horas abiertas como un paréntesis en la oscuridad, la incertidumbre de su inmediato destino, con el tango desempolvando en la penumbra viejas nostalgias y risas en torno suyo.

Masetti, feliz, sin saber qué le guardan los tiempos que vienen:

la casa suburbana donde se sentará muchas tardes desoladas y ardientes, olvidado ya, sin poder, sin trabajo, como un jubilado prematuro; la suegra que aparecerá por la casa con bolsas de comida para que algo hierva y cante en los fogones; la espera, la búsqueda de una salida decorosa (no puedo asilarme), para demostrar su integridad de revolucionario; quizás

conversaciones secretas con el Che

en el calor y silencio de las madrugadas (dos argentinos que lo saben todo y no pueden decirlo, fieles a la causa y no obstante vistos con pugnaz recelo por los comisarios);

y al final de todo la guerrilla (un pasaporte hacia la muerte) en la selva boliviana, luego en el norte de la Argentina, con el nombre de comandante Segundo (el Comandante Primero, sin duda el Che, llegará tarde a los mismos parajes, para morir también); el pequeño grupo despedazado en el primer combate por el ejército argentino, y él solo, desesperado, hambriento, en los ventisqueros, en las glaciales soledades de una montaña de Salta, disparándose un tiro en la cabeza para terminarlo todo decorosamente.

Morirá a los treinta años. Al terminar la velada, sin saberlo, nos despediremos para siempre.

Joyas, relojes, anillos, estilógrafos de plata, brillan sobre el escritorio.

Detrás, con uniformes idénticos, dos agentes del G-2 examinan, uno por uno, a los pasajeros que se marchan para Nueva York.

Temblando, los pasajeros acuden delante de ellos. Con dócil, humillado respeto, casi obsequiosamente, responden las preguntas, temiendo quizás que algo, a última hora, pueda anular su salida; temiendo una nota en falso, una imprudencia que pueda echarlo todo por tierra.

Parpadean con desconcierto cuando se les pide vaciar sus bolsillos sobre la mesa.

—Ponga también el reloj.

Les devuelven pañuelos, papeles, pasajes de avión, un peine, la billetera vacía. Dejan encima, en cambio, billetes y todos los objetos de oro o plata, desde el reloj hasta un par de mancornas.

—Es la argolla de matrimonio —dice un hombre pequeño y asustado, sacándose con dificultad un anillo del dedo.

—Es de oro. Tiene que dejarla.

El hombre depositando el anillo sobre la mesa, cambia una mirada resignada con su mujer.

De pronto, por los parlantes, oigo mi nombre.

En vez de ser interrogado por los dos agentes que se encuentran en el vasto vestíbulo del aeropuerto, me llaman a una cabina de vidrio.

El personaje sentado allí, también de uniforme, tras un escritorio con varios teléfonos, parece de mayor importancia. Examina un papel con informes que me conciernen.

146

—¿Por qué viaja a Nueva York? —se apresura, con una fría, autoritaria voz policial.

Me doy cuenta de inmediato: aquel informe, enviado por gentes del partido enquistadas ya en la seguridad, debe contener el gran interrogante de mi cupo obtenido gracias a solicitudes venidas de lo alto, en zonas todavía fuera de su control.

Es mejor actuar con alguna altanería, como si uno fuese dueño de secretos de Estado que no pueden compartirse con subalternos.

—Voy a Nueva York por razones estrictamente personales —digo.

Le sostengo la mirada. El comisario parpadea, observándome.

—¿Cuánto tiempo permaneció en La Habana?

—Unos diez días.

—¿Por qué vino?

—Vine como director de Prensa Latina en Colombia.

—La Prensa Latina de Masetti...

No es una pregunta, sino un comentario levemente sarcástico.

—Prensa Latina no es de nadie en particular. Usted debe saberlo.

El otro continúa observándome sin saber, quizás, cómo llevar más lejos su interrogatorio.

—¿Después de Nueva York adónde va?

—No lo sé.

—No lo sabe...

—No. Puedo volver a Colombia. O quizás aquí...

Algo pliega alas en él, cautelosamente. Quizás acaba de confirmar su sospecha de que viajo por indicación del Ministerio de Industria. Del propio Che Guevara, quizás. Tengo un cupo obtenido por orden venida de arriba, no olvidarlo.

—Está bien —dice al fin

El avión de Panamerican se eleva sobre el mar. Por la ventanilla, en un lento viraje, alcanzo a divisar parte de la ciudad, con los altos edificios del Vedado, y el leve y blanco encaje de las olas rompiéndose contra el malecón. Luego, no hay sino la luminosa placidez del cielo. Sobre un deslumbrante mar de esmeralda, flotan algunas nubes.

Apenas se apagan los letreros que ordenan no fumar y mantener abrochados los cinturones, los pasajeros, hasta entonces mudos, tensos, todavía asustados, sintiendo sin duda que Cuba queda atrás para siempre,

en medio de su mar color esmeralda,

rompen a hablar al tiempo, a gritos.

«¡Canallas, a mí me quitaron una cadena que era de mi abuelita!»

«¡Y a mí la argolla de matrimonio!»

Continúan hablando a gritos durante todo el viaje. Los vecinos me miran inquietos: ¿será un espía?

En el aeropuerto de Nueva York son recibidos por un ruidoso enjambre de exiliados que agitan banderas cubanas y pancartas. («¡Bienvenidos a la libertad!»)

Detrás de las vidrieras que dominan el hall de llegada, veo a Mercedes y al niño, mi ahijado, saludándome.

Cuando los cubanos y su estrepitoso cortejo desaparecen, así como el resto de pasajeros, continúo dentro, sin salir. Llamado a una pequeña oficina contigua a la sala de equipajes, soy interrogado ahora por un agente de la CIA o del FBI.

Un agente que hablando un tortuoso español, desea saber si soy comunista, por qué fui a La Habana, por qué vengo a Nueva York

Más o menos las mismas preguntas del G-2.

Sospechoso para el G-2 y para la CIA, no hay duda que políticamente debo de estar bien situado, pienso con humor.

En el taxi, yendo hacia la ciudad por una autopista vertiginosa, Mercedes se vuelve hacia mí risueña, mientras el niño sujeto por ella, se agita a su lado.

—Entonces, compadre: ¿los «mamertos» se tomaron a Prela? (Era la sigla de Prensa Latina.)

—Se la tomaron, comadre.

Cuando le hablo de mi renuncia, ella plácida, inalterable como siempre, comenta:

—Gabito ya escribió la suya. Pero estaba esperándote para presentarla.

Una vez más, nuestras reacciones ante hechos políticos, la de Gabo y la mía, han sido idénticas.

Su radar nunca falla, pienso.

Como de costumbre, hablamos con él hasta la madrugada. Aquella noche o quizás la noche siguiente, ambulamos por el Village en el aire todavía frío y luminoso de primavera, caminando de prisa, riéndonos.

Ambos sin empleo, como otras veces.

Allí vamos, ahora por las calles de Nueva York, como antes por la Carrera Séptima, en Bogotá, y antes aún por Sabanagrande, en Caracas, y más lejos en el tiempo,

por el bulevar Saint-Michel, en París,

haciendo proyectos para el futuro.

Gabo piensa realizar ahora sí su viejo y aplazado propósito de irse a vivir a México. Sin dinero, es una aventura tan loca como la de años atrás cuando decidió quedarse en París,

sin tener cómo.

Sólo que ahora pasaron ya los tiempos en que podía sobrevivir con pan y salchichón, con cigarrillos o tazas de café. Mujer e hijo no permiten los mismos pasos por la cuerda floja.

Le preocupa saber si Prensa Latina le reconocerá alguna

cesantía y si le darán pasajes para México. Así debería ser, en rigor. Pero las cosas no son hoy tan sencillas. Hoy, una renuncia es juzgada como una deserción; mientras la revolución no disponga de otra cosa, el buen revolucionario debe continuar prestando sus servicios.

El que se va es un enemigo, un gusano más.

De modo que aquellas cosas —un pasaje de regreso, una cesantía— tan obvias en el infame sistema capitalista no son tan seguras ahora, en el nuevo sistema, donde nadie puede demandar al Estado, único patrón, si éste decide por cualquier motivo no cumplir sus obligaciones legales.

Me quedo, pues, en Nueva York unos días aguardando la respuesta que le darán a Gabo en La Habana.

Mientras éste trabaja todavía en la agencia, doy paseos con Mercedes y Rodrigo por la Quinta Avenida. Mi ahijado es de una coquetería con las mujeres sorprendente para sus dos años. Apenas ve una bonita muchacha —en el autobús, en un ascensor subiendo al Empire State— se las arregla para llamar su atención,

sonriéndole y guiñándole el ojo con la desenvoltura de un conquistador profesional.

Solamente las ardillas del Central Park le interesan más que las muchachas.

—Si esto es así, ahora que sólo les llega a las rodillas, cómo será después —le digo yo a Mercedes—. Míralo, ya le echó el ojo a aquella joven.

En la noche, encontramos a Gabo, que no ha logrado poner en claro su cesantía y su pasaje de avión. Es evidente que La Habana no desea resolverle nada, ahora que ha presentado su renuncia. Así, para servirse de un pretexto, se le hace saber que no hay pasaje para México. Para Colombia, quizás. Pero no para México, pues allí no fue contratado.

Con la cesantía sucede otro tanto. Es en Colombia, agencia ahora acéfala, donde deberá reclamarla.

Lo dejan, pues, en el aire: sin recursos.

Con los tránsfugas, con los gusanos, no hay miramientos, deben de decir los comisarios. Políticamente para ellos nunca hemos sido claros. Liberales color violeta, deben de pensar, de esos que al menor viraje se caen del carro de la revolución.

Gente que nunca va demasiado lejos.

(«Se pasaron del lado de la contrarrevolución», dirán a amigos franceses cuando lleguen a La Habana pidiendo noticias nuestras.)

Al final de todo, Gabo debe tomar una solución heroica: irse a México en ómnibus, contando con el poco dinero que le queda.

—Ni siquiera me alcanza —me dice en un restaurante francés, cerca a Lexington Avenue, donde el buen vino tinto de Burdeos, el menú escrito en frances, algún disco o afiche de la Piaf, nos devuelven por un instante al París que dejamos años atrás.

El dinero que tiene Gabo, doscientos dólares, sólo le permite llegar a Nueva Orleans en autobús, con Mercedes y el niño, alimentándose con hamburguesas y «perros calientes».

Debo regresar de inmediato a Bogotá. Debo enviarle cualquier suma, la que consiga, y remitírsela a la lista de correos en Nueva Orleans a fin de que puedan continuar el viaje.

Así lo haré. Todo lo que podré obtener serán ciento cincuenta dólares.

Por este motivo, cuando luego de cruzar todo el sur de los Estados Unidos —mirando los soleados campos de algodón, las casas de madera, los negros centenarios sentados en los porches: el mundo de Faulkner —

y de cruzar buena parte de México, en autobús,

Gabo llegue a su destino, sólo le quedaría en el bolsillo, del dinero enviado por mí,

veinte dólares.

Con esa suma iniciará allí, en México, una nueva vida.

5

Siempre he pensado que García Márquez ha sabido administrar bien las dificultades de su vida. Mejor que el éxito, quizás.

El desamparo, las agresiones del destino le han servido enormemente. En fin de cuentas, su propia vocación de escritor ha nacido y se ha desarrollado como una réplica exaltada, sublimada, silenciosa y tenaz

a vejámenes sufridos.

Adolescente, abrumado por la soledad del internado, por la tristeza de lluvia y ceniza de las tierras altas, por su condición de estudiante pobre, costeño, marginal, sin novia, sin parientes ni amigos, encontró refugio en las novelas de Dumas y Salgari.

Estudiante de derecho, bohemio y demacrado, errando de café en café, considerado por condiscípulos y amigos como un caso perdido, decidió heroicamente dejarlo todo para escribir novelas.

Durmiendo en cuartos con tabiques de cartón, alquilados sólo por una noche, en los altos de un burdel, en Barranquilla,

mirado como uno de esos reporteros flacos, mal vestidos, roídos por una bohemia irremediable de cantina y madrugada, cuyo porvenir no promete nada, escribió —rabiosa, sigilosamente— su primer libro.

Corresponsal cesante, muerto de hambre en París, aguardando siempre cartas y cheques que no llegaban, escribió el segundo.

Siempre las circunstancias ásperas, a veces humillantes de su vida lo empujaron hacia la máquina de escribir movido por una oscura y ardiente necesidad reivindicativa de sí mismo.

También esas circunstancias duras

le dieron un espesor humano, una ternura viril, un sentido de la solidaridad muy profundo. No hay duda: sus mejores libros y sus mejores amigos nacen de esta privilegiada relación suya con la verdad de la vida.

Después de nuestra experiencia cubana, habían llegado para nosotros tiempos duros.

A García Márquez México no le ofrecía en aquel momento —cuando llegó con su mujer y con su hijo en un autobús tras recorrer medio continente— seguridad alguna. Salvo unos pocos amigos, nadie sabía quién era. Poetas, escritores o artistas de otros lugares de Latinoamérica, llegan allí todos los días y pasan sin dejar huella. Para ellos, México puede ser un país, grande, duro,

tan hermético como cualquiera de sus pirámides.

México le planteó a García Márquez un nuevo reto. Lo asumió. Lo ganó.

Fue allí donde escribió *Cien años de soledad*. Donde se hizo célebre.

Aunque yo no fui testigo de aquella época suya, la seguí siempre a través de sus cartas, que eran constantes, largas, ansiosas, escritas sin sombra alguna de prudencia.

Como se habla a los amigos que han compartido todo con uno.

Aquellas cartas mencionaban siempre proyectos, esperanzas, posibles contratos con editores, productores de cine, publicistas, pero detrás de esas constantes y efímeras perspectivas en las que él, sin duda, necesitaba creer defensivamente, uno adivinaba, entre líneas,

la realidad

de apartamentos todavía con un par de sillas y camas plegables, de apuros de fin de mes, de trabajos irrisorios (en revistas, emisoras, agencias de publicidad), de patronos soberbios.

«Trago tranquilizantes untados en el pan, como mantequilla», decía de pronto, y la frase, que se le escapaba a su máquina de escribir, alojaba la dura verdad vivida en aquellos tiempos.

Por mi parte, andaba recorriendo parecidos arenales.

Después de haber dirigido revistas y agencias de prensa, con mucha gente a mis órdenes, me encontraba por primera vez en la vida sin manera de ganármela, vetado como castrista

y peligroso agente comunista internacional.

Inclusive en Barranquilla —ciudad luminosa, tropical y hospitalaria, adonde me fui a vivir, aconsejado por el propio Gabo— aquel veto caía sobre mí, inexorable. No alcanzaba a sentarme tras el escritorio de un diario o iniciar cursos en una universidad, cuando ya hombres influyentes de la ciudad intervenían,

a veces con una simple llamada de teléfono,

para hacerme salir.

Tenía un solo traje, vivía en casa de Álvaro Cepeda Samudio, me había enamorado de una linda muchacha de la ciudad, que el año anterior había sido la reina del carnaval, pero no veía manera de romper aquel cerco de hierro.

Llegué a ambular por ferreterías del mercado vendiendo publicidad para una revista de arquitectura.

Nunca, para librarme de esta situación, tuve la idea de escribir nada sobre nuestra experiencia cubana. Me habría parecido innoble. De hecho, sólo vine a expresar públicamente un desacuerdo diez años más tarde, en París, cuando estalló el caso Padilla.

Gabo, de su lado, nunca dijo nada. De modo que escritas a máquina, en leves hojas de papel azul, aquellas cartas constantes suyas, hablándome de sus apuros y esperanzas con la misma incertidumbre latiendo en el fondo de cada palabra, me resultaban de todos modos reconfortantes como una copa de coñac.

Cuando me casé con la linda muchacha,

sin haber logrado aún salir a flote, compré un pasaje a crédito y fui a México para presentarles a Gabo y a Mercedes su nueva comadre, mi esposa.

¿Me equivoco? Tal vez, sin saber que hasta el abrigo que llevaba era prestado, debieron de verla como una de esas muchachas burguesas, bonitas, y ociosas, que pasan su vida en el Country Club de Barranquilla (allí la había conocido, en efecto), jugando a la canasta o al tenis,

mientras aparece un marido.

Ella, Marvel, Marvel Moreno, sin decírmelo tampoco, debió por su parte de clasificar a Gabo como el miembro más célebre de una tribu especial, bien conocida en su ciudad, de bárbaros machistas, bebedores, mal hablados, amigos de putas,

con esposas sufridas y casi siempre embarazadas,

que pasaban buena parte de su vida bebiendo en un famoso bar de Barranquilla, La Cueva. A este grupo, en efecto, pertenecía Gabo. Y más tarde, hasta cierto punto, yo también.

Habiendo vivido en mundos opuestos de la misma ciudad, Gabo y Marvel debían de verse el uno al otro como arquetipos de un núcleo social que les inspiraba recelo. Se trataba, claro está, de prejuicios recíprocos, que los años demolerían.

Así, la supuesta muchacha del Country Club, de largas manos cuidadas, abandonaría muy temprano su mundo de desfiles de moda y comparsas de carnaval, para estudiar en una universidad marxista,

se casaría con el periodista paupérrimo que era yo entonces,

lo obligaría a dejarlo todo cuando empezaba a ganar dinero

y se iría a vivir con él a París, para hacer allí, en aquella ciudad deslumbrante y dura, su viaje al fondo de la noche —metros, inviernos aciagos, hospitales, confines de infortunio y ternura— cultivando su secreta y desesperada vocación de escritora.

(Y escritora de las buenas, de las grandes, aunque esa certeza sólo llegaría después de su muerte.)

En cuanto a Gabo, el prejuicio de Marvel era flagrante; hoy lo admite. De bárbaro machista no tenía un pelo. Rara vez he visto un hombre más respetuoso de los sentimientos y opiniones de su esposa.

Al llegar a México de visita, todo aquello sólo era evidente para mí. El sutil prejuicio estaba en el amigo, y viceversa. En ella, desapareció muy pronto. Él debió de dejar correr mucha agua bajo los puentes para verla al fin no como la muchacha burguesa de Barranquilla, sino como una mujer profunda y cierta.

(Literariamente hablando es una hermana suya: marcados por la misma región, la costa colombiana del Caribe, y con los mismos padres: Faulkner y Virginia Woolf.)

La casa de Gabo, en las lomas de San Ángel, era amplia y agradable, con mucha luz y tranquilos sillones de cuero. Para entonces, él empezaba ya a navegar en una situación de prosperidad. Era conocido como escritor y especialmente como guionista de cine.

En las noches, cuando entraba a uno cualquiera de los cafés de la zona rosa, había siempre amigos que se aproximaban a saludarlo.

Al margen de los trabajos puramente alimenticios, ahora bien pagados, continuaba escribiendo.

Hacía años que trajinaba un primer manuscrito de *El otoño del patriarca* sin mayor suerte. Algo no cuajaba en aquel libro. El tratamiento realista de un tema tan desmesurado y mitológico como el del dictador latinoamericano, lo oprimía oscuramente, castigando su impulso natural hacia la hipérbole, la magnificación de la anécdota y las latentes posibilidades de un estilo que él, temiendo cualquier desenfreno retórico, vivía sujetando por las bridas.

Cuando descubrió que era posible hacer surgir hongos venenosos entre los libros de una biblioteca, que el mar podía ser vendido y su dictador vivir doscientos años, halló la clave de otro libro.

Un libro donde dormían todos los mitos y fantasmas de su infancia, una y otra vez aplazado por no haber encontrado aún la manera de contarlo.

Aquella revelación, como él lo ha contado muchas veces, la tuvo viajando a Acapulco en automóvil.

Fue entonces, cuando interrumpiendo la segunda versión de *El otoño del patriarca,* se sentó delante de su máquina de escribir para redactar *Cien años de soledad.*

A veces, venía a Barranquilla. Llegaba casi siempre por sorpresa; me llamaba a la oficina.

—¿Dónde estás? —gritaba yo, suponiendo que se trataba de una comunicación a larga distancia—. ¿En Panamá?, ¿en México?

—En su casa, pendejo. Tomándome un whisky.

Sentado con Álvaro Cepeda Samudio y conmigo, en cualquier patio, la cálida noche tropical vibrando en torno nuestro, nos hablaba de aquel libro enigmático que estaba escribiendo en México.

—No se parece a los otros, compadre. Ahí me solté el moño, al fin. O doy un trancazo con él o me rompo la cabeza.

Cuando recibí el manuscrito, con el encargo de pasárselo luego a Álvaro Cepeda, lo leí de un jalón, sin parar, sin ir a la oficina, sin dejarlo a la hora del almuerzo.

—Gabo dio el trancazo que quería dar —le dije a Marvel después, cuando acabé de leerlo.

Por aquellos días estaba en casa Ligia, la hermana de Gabo. Leyó también el manuscrito.

—¡Niño —dijo después—, ese Gabito si es chismoso!

A partir de entonces, lo que había sido una convicción íntima, compartida por sus amigos (Gabo es un peso pesado de la literatura), llegó a ser una inminencia objetiva, pero sólo una media docena de amigos éramos dueños del secreto. El libro era una bomba, con la mecha encendida, pronta a estallar.

Recuerdo que muy poco antes de que se publicara *Cien años de soledad*, García Márquez vino a Bogotá con Mario Vargas Llosa. Mario acababa de ganar en Caracas, con *La casa verde*, el premio Rómulo Gallegos.

Como ocurre con todos los personajes que aparecen por allí, el «*tout* Bogotá» se precipitó a festejarlo. Aquella gente que revoloteaba, burbujeaba, en torno suyo, siempre atenta a las etiquetas del éxito, ignorante aún de la bomba fabricada por García Márquez, tenía todavía una valoración modesta del escritor de casa.

Así, lo dejaban discretamente en segundo plano.

Me veo una noche, en una de estas residencias bogotanas, sentado con Gabo en la escalera, con un plato en la mano, hablando de literatura, olvidados de todos. «Si supieran la bomba que éste ha fabricado», pensaba yo, viendo a Gabo, modesto aún, con su plato en la mano, al lado mío.

Allí estaban, desde luego, muchos de sus futuros amigos. Los amigos del escritor famoso, quiero decir.

Me produjo una indecible nostalgia saber que, luego de publicado *Cien años de soledad* con el éxito previsible, Gabo se volvía a Europa.

La primera carta me la escribió en el tren, cruzando por Francia.

«Compadre,

sin ánimo de despertar envidias, te escribo este papel pasando frente a Dijon. Dentro de tres horas lo pondré al correo, en la Gare de Lyon... Los primeros franceses que veo, después de doce años, en el tren, me parecen más groseros que nunca.»

Ocho días después:

«París se me salió como si fuese una espina que tenía clavada en el talón. Es curioso: no me interesó en absoluto en el nivel en que lo vi ahora, y el otro nivel —el nuestro, de otros tiempos— ya no es posible, primero porque ya no tenemos veinte años y luego porque París tampoco los tiene. Nuestro *quartier*, en una época en la que se le consideraba descongestionado, era un embotellamiento humano inconcebible. No se puede caminar por los andenes, el tráfico está engalletado veinticuatro horas por día, y no hay jamás un puesto libre en cafés o restaurantes.»

A propósito de mayo del 68, en París:

«Llegamos cuando todavía estaban rotos los adoquines por las batallas de mayo; ya éstas estaban petrificadas en la

mentalidad de los franceses: los choferes de taxi, el panade-
ro, el tendero nos hacían un análisis agobiante de los acontecimientos y nos dejaban la impresión de que lo único que
hubo allí fue un tropiezo de palabras.»

De los latinoamericanos en París:

«Me encerré en el palomar de Paul a leer y a oír música,
hasta cuando me descubrieron los latinoamericanos que se
bebieron todo, se comieron todo y ensuciaron todo, tratan-
do de convencerme de que mis novelas eran buenas.»

De la traducción al francés de *Cien años de soledad*:

«Fue como volver a escribir el libro: me leí en francés y
me encontré con un escritor espantosamente serio. Trabajé
cuatro horas diarias con el traductor, durante un mes, hasta
que logré convencerlo de que tenía que destripar su propio
idioma para dar una versión apropiada del texto. Su muleti-
lla de trabajo: *"On ne peut pas dire ça en francais, mon
vieux."* Al final, resultó que sí se podía, y que no era que mis
barbaridades no cupieran en su idioma, sino que no cabían
en la mente cartesiana del traductor.»

A propósito de la invasión soviética de Checoslovaquia:

«A mí se me cayó el mundo encima, pero ahora pienso
que todo va mejor así: el comprobar, sin matices, que estamos entre dos imperialismos igualmente crueles y vora-
ces, es en cierto modo una liberación de la conciencia. Lo
asombroso es que los soviéticos le ganaron a los gringos en
cinismo.»

(Yo pensaba lo mismo que él; como siempre.)

Aquellas cartas,
        recibidas en Barranquilla donde los años habían pasado
para mí sin hacerse sentir —sucesión de días, de semanas de
meses iguales, reverberantes de luz y calor—, revivían me-
lancólicos fantasmas de Europa

(otoños, hojas amarillas, vientos fríos, calles azules en el crepúsculo, amigos).

Barranquilla, lo he dicho siempre, es una ciudad peligrosa. Allí, al menor descuido, corre uno el riesgo de quedarse para siempre. Tiene algo indefinible, que seduce y atrapa. Algo. Me pregunto qué es. Quizás allí nada es dramático,

ni la muerte.

Una filosofía de la vida, muy caribe, que se respira en el aire, en el calor de sus calles y sus patios, le invita a uno a dejar que la vida fluya como el agua del río, tranquilamente, sin crispaciones,

«hacia la mar que es el morir».

Si alguien lo llama a uno en París a las tres de la madrugada, es generalmente para lanzar un SOS y decir que llegó al extremo, que no puede más.

En Barranquilla a uno lo llaman a esa hora para invitarlo a beber.

O a bailar.

Si usted es sensible a este encanto secreto y letárgico; si descubre, tras vivir en una capital que le rinde culto a las apariencias, que allí nadie se da importancia. Si usted, sólo porque es activo y con iniciativas, llega a ganar todo el dinero que necesita, sin problemas, y además, está casado con una mujer bella que usted ama, y tiene con ella dos hijas pequeñas y encantadoras,

acaba dejándose llevar por la fácil corriente, feliz de vivir en mangas de camisa, de respirar aquel eterno olor de la guayaba, dejando para luego, para más tarde, funestamente, su

aspiración de escribir.

Si se instala en este soñoliento confort burgués, imponiéndole a la mujer que vive con usted el orden de valores desde muy temprano impugnado por ella, con razones que no son de principio sino de conveniencia inmediata, corre un riesgo terrible, está poniendo pólvora al lado del fuego sin darse cuenta, o dándose cuenta apenas sólo cuando la pólvora

estalla.

Así ocurrió, al cabo de siete engañosos y fáciles años de eso que llaman felicidad conyugal, justo en el momento en que las cartas constantes del amigo devolvían a la memoria imágenes y *saudades* de Europa.

El amigo, además, con su fino olfato de piscis, con el buen conocimiento que tiene de usted, adivinará mejor que nadie el derrumbe emocional que usted vive, sus insomnios, sus paseos por las calles desiertas de la madrugada, olorosas a río y a ciénaga, las ginebras bebidas cualquier tarde de la semana, solo, frente al mar de ceniza de Puerto Colombia,

y lanzará al agua, donde el náufrago se debate, la cuerda de una carta providencial, invitándolo a reunirse con él y su familia en una isla perdida al sur de Sicilia, en Pantelaria.

Aquel amigo, solidario siempre en los momentos duros, pondrá en su carta toda su inteligencia, a fin de hacerlo venir, cuanto antes, para que cure sus heridas con el sol, con el viento, con el olvido del verano mediterráneo.

Él lo traerá a Europa, de nuevo. Después de trece años de ausencia.

Recuerdo mi llegada a la isla, el ardiente mediodía de agosto, los decrépitos hangares de aquel aeropuerto, que parecía el de una ciudad tropical, y Gabo, Gabo en mangas de camisa y Mercedes con una flotante túnica de colores, vistos por la ventanilla del avión,

a través del polvo que alzaba el anticuado avión de hélices que me trajo desde Sicilia.

Recuerdo aquella isla de rocas volcánicas, con algunos raquíticos viñedos, algunas flores moradas de alcaparras en las laderas y blancas casas de estilo árabe, con arcos y patios y terrazas, dispersas aquí y allá, frente al esplendor del Mediterráneo. En medio de su mar deslumbrante, quieto y profundo, de un suave color violeta cuando se dormía entre las rocas volcánicas, pero esmeralda, vibrante zafiro al desplegarse hacia el horizonte,

la isla parecía deshabitada.

De noche veíamos a lo lejos, leves como suspiros, las luces de la costa africana y lámparas de pescadores, parecidas a temblorosas luciérnagas, oscilando en la oscuridad del mar.

Recuerdo nuestra casa en un confín de la isla, Punta Fram; las ánforas antiguas halladas en el fondo del mar, leprosas de yodo y de tiempo, en los rincones; la luz, el olor, el calor del verano en la alcoba encalada, al despertar; el desayuno, con música de Brahms, en la terraza, y los niños, Rodrigo y Gonzalo, negros como zulúes,

saltando al agua desde las rocas, nadando y gritando, mientras Gabo, Mercedes y yo, sentados en la terraza, aletargados por el calor, dejamos correr las horas de la mañana, leyendo o hablando de todo,

como siempre.

Recuerdo los paseos en lancha en torno a la *isola*; nuestro viaje ritual, después de la siesta, a la casa del *Notaro* (una edificación amarilla todavía perforada por las balas de la guerra, con gallinas en el patio) en busca del correo.

Recuerdo aquel horrible pez mitológico, la morena, su cabeza de perro degollado, sus escamas negras, su cuerpo de serpiente, colgando de unos alambres de ropa, al atardecer; la manera discreta como nos negamos a comerlo, al día siguiente, con el pretexto de que nos lo prohibía la religión de nuestra tribu,

allá en América.

Los pescadores, nuestros anfitriones, que lo habían preparado en su cabaña asándolo con fuego de carbón y adobándolo amorosamente con hierbas, comprendieron con respeto aquellas razones.

Aquella paz, para mí, zumbaba afuera, como una abeja al sol, pero dentro ardía aún el recuerdo de la linda esposa que yo imaginaba ya perdida para siempre. Dolía al despertar, dolía en la ardiente quietud de algunas tardes y a la hora en que caía el crepúsculo sobre el mar con resplandores de incendio,

como allá en Puerto Colombia.

No mencionábamos el tema con Gabo y Mercedes, pero uno sentía en ellos el sigiloso afecto, la ternura caribe, púdica de palabras, hacia el compadre de alma averiada, irradiándolo con su viejo calor.

Ellos habían comprendido y se trataba simplemente de estar ahí, nada más oyendo a Brahms o a los Beatles mientras el cielo desplegaba sobre la isla dormida su fiesta de estrellas; de proteger al amigo de su nueva soledad con los ritos cotidianos de la cocina, la mesa, el pan, el aceite, el vino, el plato de espaguetis humeantes, las risas, los niños, la televisión,

solos en nuestra isla de encanto.

Los cinco vimos maravillados, una noche, en la televisión, mientras afuera latía el mar, cómo el hombre había llegado a la luna por primera vez.

Fue un verano inolvidable.

En un auto alquilado, suave y amplio, recorrimos Sicilia y luego toda la península, desde la punta de la bota hasta los Alpes, desde una Calabria ardida por el sol, hasta los ya brumosos atardeceres de Milán, manejando por turno en las autopista y quedándonos en cada ciudad el tiempo que queríamos: así, por ejemplo, diez días en Roma y sólo tres horas en Venecia (desesperados por los enjambres de turistas y palomas).

Cuando entramos en Francia por una estrecha garganta de los Alpes, bajo la lluvia, mirando las altas colinas de abetos y pinos y con casas de puntiagudos tejados previstos para dejar resbalar la nieve, nos hervía todo Italia en las retinas:

la luz del verano,

dorados trigales, cipreses como negras agujas en las laderas, girasoles, viñedos vibrando al sol, pueblos color limón y fresa, palacios color crema batida o salmón encendido en plazas muy antiguas, fuentes con tritones de piedra escupiendo agua, oscuras iglesias, ropa colgada en los balcones, golondrinas volando en el crepúsculo,

todo revuelto con espaguetis a la carbonara, con salsa de carne y tomates, con ajo y cebolla, con fresco vino de Valpolicella o delicados helados de vainilla en tardes de mucho calor,

cuadros de Botticelli, de Tintoretto y Piero della Francesca, boletines del Giornale Radio, y en todas partes, caminando en la brisa tibia, lindas muchachas casi desnudas, escalofriantes.

—Espérese, compadre, a que cumpla cuarenta años y verá cómo empieza a ver de bonitas a todas las mujeres —me decía Gabo, observando aquel vaivén de minifaldas con taciturnos ojos libidinosos.

Después de aquella explosión de fragancias y colores fuertes, Francia, con sus suaves colinas azules y sus álamos plateados a orillas del Ródano, resultaba apacible como un gato dormido en el antepecho de una ventana.

Era muy extraño volver después de doce o trece años. Descubrir las olvidadas delicias del camembert, del pan y los espesos vinos de Burdeos. Hallarse de nuevo allí con Gabo,

ahora famoso,

robusto, tauro, con mujer e hijos, dejando en los platillos propinas generosas, ya no flaco, ni pobre, ni ansioso, ni piscis, ni envenenado por insomnios, premoniciones, pesadillas y cigarrillos como en la Francia de otros tiempos.

(Pero yo sentía en el fondo la espina de una zozobra aguda: había dejado pasar los años en aquel limbo tropical de Barranquilla, no había escrito, mi vida tenía saldos en rojo.)

Hicimos un alto en Saignon para visitar a Julio Cortázar.

Tardé algunos segundos en descubrir que aquel gigante de barbas oscuras, con un mechón de adolescente por la cara, de pie al sol del jardín, frente a una parrilla humeante, donde se asaba un pollo, era él, Cortázar, el autor de *Bestiario*, de *Rayuela*, de *Las armas secretas*, libros que Marvel y yo comprábamos en la Librería Nacional de Barranquilla

y leíamos fascinados.

—Ajá, Cronopio —saludó Gabo desde el otro lado de la verja.

Aquella tarde, mientras hablábamos en la fresca y penumbrosa biblioteca de la casa, oíamos discos cubanos, bebíamos ron cubano y fumábamos cigarros cubanos, Cortázar acababa de descubrir a Cuba

tardíamente,

con la misma perturbadora pasión con que un hombre hasta entonces maduro y casto descubre de pronto el sexo.

Pese a la ironía inteligente que chisporroteaba siempre en su conversación y en sus claros ojos de gato, había en Cortázar una gran dosis de candor, encantadora siempre, a veces alarmante.

Era como un muchacho que no acababa de crecer; los años le caían sólo en las manos, pero el porte atlético, el pelo que se le venía por la cara y sus ideas políticas, seguían siendo de adolescente.

Después de aquella tarde en Saignon, volvería a encontrármelo muchas veces en París, en la revista *Libre*, en cafés o en casa de amigos comunes; en Mallorca, un verano; escuchado tangos en la rue des Lombards, la última vez. Erraría por la rue Martel, buscando su casa, la noche del domingo en que murió.

Y el día del sepelio, resplandeciente y glacial, me agruparía con sus amigos en torno a la fosa donde acababan de depositar sus restos en un ataúd amarillo, cubierto de flores.

Nuestro largo viaje de aquel verano acabó en Barcelona, luego de tres días en Cadaqués, rasgados por las cuchillas de la tramontana. En Barcelona, donde vivía Gabo, me esperaba una carta escrita con una letra fina y menuda, como patas de araña, profundamente familiar, que me hizo latir el corazón de prisa. Volé a París de inmediato. Mi mujer llegaba. Volvía a reunirse conmigo.

No había nada que hacer: se ha visto hasta en las mejores familias y en las peores novelas: era un esposo enamorado.

Pocos días después, el esposo enamorado llamaría a su mejor amigo, a Barcelona, para decirle que su mujer se había vuelto loca.

Lo creía de veras. El esposo enamorado había esperado en el aeropuerto de Orly, con el corazón brincándole en el pecho, a la mujer que había vivido con él siete años pacíficos, una muchacha dócil, dulce, de pelo corto, bien peinado, con mechones de un tenue rubio ceniza, con pulseras, con blusas delicadas, atenta siempre a sus decisiones,

muy niña bien convirtiéndose rápidamente en señora bien de la ciudad.

En cambio, del avión, en Orly, había bajado otra, más joven,

de pelo oscuro, largo, suelto sobre los hombros, con una atrevida minifalda de cuero, una muchacha muy linda siempre, pero decidida y brusca, prevenida, de un agresivo feminismo,

que apenas entró en París, observando intensamente las casas altas y grises, los quioscos de periódicos, los castaños dorados, todo en tonos pasteles, bien dispuesto, como pintado en una acuarela antigua, contrastando con el polvo, el calor, los perros errantes, los diluvios feroces,

la infinita charanga de las chicharras del trópico,
anunció tranquila y firmemente:

«Lo que es a Barranquilla no vuelvo nunca. Aquí me quedo.»

(Y se quedó para siempre. Nunca volvió. Antes de morir, 25 años después, pidió que sus cenizas fueran echadas al Sena.)

¿Qué mosca le había picado?, pensaba el marido con latidos que ya no eran de amor sino de susto. Ella entraba decidida en los almacenes, tomaba las cosas sin pedirle permiso a nadie, sin importarle nada lo que brujas enfurecidas le gritaban en francés. Quería comprarse una blusa transparente para ponérsela, ¿por qué no?,

sin sostén.

«Qué puritano eres», le había dicho con desdén al apaleado marido en cuanto se atrevió a murmurar un reparo, sin sospechar entonces que esta grave acusación sería más tarde responsable de comportamientos luciferinos en él.

«Está loca, te lo juro. De remate», le dije a Gabo por teléfono.

«Llámame mañana a la misma hora», fue todo lo que dijo el amigo.

Cada vez que tiene un problema importante entre manos, el amigo asume un aire grave. Algo se le cierne en la cara, el bigote se le vuelve de pronto más espeso. No dice nada de inmediato: se toma el tiempo para reflexionar como los buenos generales

antes de una batalla.

El esposo, en cambio, más joven y movido por su fosfórico signo Aries, obedece siempre a la brusca ráfaga de un impulso, y a veces, tal es el ímpetu del mismo, acierta,

por puro chiripazo, como dicen en su país.

O la embarra,

como dicen allí también.

Al día siguiente, su mejor amigo le daba por teléfono al marido enamorado la dirección de un psicoanalista español que vivía en el número 80 del bulevar Pasteur.

«Pero eres tú el que debe verlo», le dijo.

El marido no entendía.

«¿Yo?»

«Sí, tú. Me parece que necesitas una ayuda.»

«No jodás —reaccionó el marido— No jodás. ¿Soy yo el loco?»

«Para ayudarla a ella debes ayudarte tú primero.»

«Jamás en mi vida he visto a un tipo de esos. Jamás. Hemigway dice que su psicoanalista es una Smith Corona...»

«Hágame caso, compadre, vaya a verlo.»

Le pareció un tanto ridículo al marido enamorado sentarse en aquel despacho alfombrado de blanco para hablarle de cosas tan suyas a un desconocido con cara de piedra, que le hizo dos preguntas

y luego,

gurú de cuello blanco, corbata y anteojos,

empezó a hablar suave, lentamente:

«Ella es como un pájaro que necesita volar. Un pájaro que nunca ha podido abrir sus alas...»

Sentada en la terraza de un café de la place Maubert, mientras caía la noche muy despacio, la desesperada y decidida esposa del marido enamorado vio aparecer por la boca del metro, acercarse a ella y tomar asiento a su lado, a un hombre distinto,

nada tenso ni crispado: seguro, suave, comprensivo, sin sombra ya de aquel machismo atávico, protector y castrador de los hombres de su ciudad (que ella desde siempre había detestado); un hombre que parecía comprenderlo todo, al fin.

Le parecía ahora perfectamente natural que ella se quedara en París y se buscara un trabajo cualquiera.

—Puedo ser modelo—dijo la esposa, recordando sin duda aquellos desfiles de moda en el Country Club de su ciudad, o en el hotel del Prado, realizados por muchachas de sociedad

a beneficio del Hospitalito o de la Cruz Roja.

El marido enamorado no se rió, no dijo estás loca, cómo se te ocurre, sino que abordando el asunto muy seriamente, desmenuzó a conciencia aquella posibilidad.

No bastaba tener una bonita silueta.

Modelo en Europa, le explicó, era una profesión exigente; había que tener cartílagos de pantera, huesos de muchacho, ser flexible y ligera como el humo, rubia de nieves escandinavas

o simplemente parecerse a una escultura de ébano.

—Entonces me quedo lavando platos —dijo ella, defensivamente.

—Puedes quedarte lavando platos. O cuidando niños. Eso lo hacen aquí muchas estudiantes.

Lo decía sin ironía, admitiendo lo que cualquier burgués, cualquier machista empedernido de su ciudad, hubiera considerado simplemente afrentoso tratándose de su esposa, que tenía en su tierra todo lo necesario y lo superfluo (niñas, casas, automóvil, toallas y ropa comprada en las boutiques de Miami).

Ella tuvo la sensación de que una cuerda tensa que llevaba por dentro se aflojaba de pronto.

—¿Y tú? —le preguntó al marido con suavidad.

Él se acordó de todo lo dicho por el gurú aquella tarde.

—Yo me voy —respondió tranquilamente.

Ella lo observaba sorprendida. El padre protector, el macho dominante y castrador suavemente sentado en sus viejos y heredados fueros patriarcales, colonizado por valores burgueses de representación

y respetabilidad,

se desvanecía en la sombra tibia de la place Maubert y en su lugar quedaba sólo un hombre leal y triste y solitario, el mismo que ella había conocido en un principio, dispuesto ahora a asumirse por su propia cuenta.

—Te vas y vuelves —dijo ella con mucha ternura poniendo su mano sobre la de él—. Yo te espero.

El marido enamorado sintió el corazón como un hojaldre.

—Viviremos de cualquier modo —decía ella—. En una pieza. Aquí. Y escribiremos, al fin. Y seremos de verdad —decía—. Es preferible vivir en París lavando platos que....

—Sí, sí —respondía él, sintiendo que el corazón se le aliviaba de un peso, que aquella locura en fin de cuentas era lo único posible, lo único sensato... lo único cierto ahora.

Su vida estaba en saldo rojo, no olvidarlo.

O daba un viraje o se rompía el alma.

Dios el padre, en alguna parte, debió de sonreír. Sólo él sabía todo lo que aguardaba a aquella pareja sentada en la tibia oscuridad estival de la place Maubert durante aquellos años de fuga por venir: inviernos, escaleras infinitas, apuros indecibles, metros y hospitales, amores extraviados, separaciones, llantos a medianoche en el pont des Arts,

sin que nunca, pese a todo, dejaran de amarse,

cumpliendo lo que un humilde representante suyo en la tierra, el padre Goenaga, en una iglesia de Barranquilla, una mañana húmeda y calurosa de octubre, con las chicharras pitando ahí afuera, había dicho en latín con acento de pelotero del Caribe:

una confusa historia de nudos

que se atan en el cielo y que por más vainas que uno haga no hay manera, ninguna manera,

de desatarlos en esta tierra.

Europa fue inicialmente para nosotros sólo una vieja casa de piedra en un pueblo de Mallorca, Deyá, con un fantasma en el desván y un limonero en el traspatio. Nuestras dos hijas, muy pequeñas, iban a su escuelita a través de un paisaje de cuento de hadas hasta un torrente que bajaba rápido de la montaña y corría entre casas y jardines por la parte baja del pueblo.

Mientras escribíamos,

había mucha paz en el aire con abejas zumbando al sol ahí afuera, en los geranios, delante de colinas salpicadas de naranjos y olivares. Había mucha paz dentro de nosotros, también.

Algunas tardes, cuando caía el sol sobre el mar, soplaba un viento frío y la carretera, siempre solitaria, se llenaba de brumas violetas, yo experimentaba la necesidad de sentir los latidos del mundo.

Entonces, entrando en una cabina de teléfonos que había en la calle, a la entrada del pueblo, llamaba a Gabo, que estaba en Barcelona, a sólo veinte minutos de avión.

«Vente este viernes», decía.

Me alojaba en su casa. Pero en aquel apartamento de la calle Caponata, amplio y silencioso, ya estaba alojada también su celebridad. Gabo hacía todo lo posible por lidiar a esta intrusa.

Vestido con un overol azul de mecánico, escribiendo en una sigilosa máquina eléctrica, trabajaba hasta las tres de la tarde en la versión definitiva de *El otoño del patriarca*.

Después del almuerzo, en un salón penumbroso, de muebles bajos y confortables, mientras el portero del edificio, un antiguo jugador de fútbol, podaba los rosales del jardín, escuchaba en un soberbio estéreo lentos ríos de música clásica, los Beatles o Manzanero.

A las cinco, era ya inevitable abrirle la puerta a los nuevos amigos del escritor célebre.

La floreciente burguesía catalana ha puesto, bien es sabido, su sello en Barcelona. La ciudad entera respira su agudo realismo mercantil

y el humo de sus cigarros.

Aquél es un reino de hombres activos y maduros, de trajes bien cortados, que llenan los buenos restaurantes, los despachos de los bancos o las salas de concierto o que uno encuentra en los balnearios de la Costa Brava examinando siempre mas allá de las olas, los bañistas o los veleros,

la oportunidad de un buen negocio, de una inversión confiable.

Los artistas surgen con frecuencia de este mundo, respiran el mismo aroma próspero de cigarros, el mismo aire severo y luminoso de sus grandes casas mediterráneas, diferenciándose apenas de tíos y primos, por algún breve toque bohemio, por leves caprichos de la indumentaria

(un gorro de piel, una capa, un bastón, una corbata de lazo), por un vocabulario algo más libre, alguna excentricidad divertida, un cierto gusto por cócteles a base de vodka o ginebra con flores flotando dentro, por lugares o fiestas igualmente esnobs, sin perder por ello el buen sentido del dinero, del confort, de la elegancia de los renombrados restaurantes, de las vastas casas de campo, de los chalets en la playa, de los pabellones de caza de sus familias de negociantes y banqueros.

Muy poco se parecen todos ellos a los escritores que viven en París, a todos los Juan Goytisolo que viajan en metro, se visten de cualquier manera y andan confundidos con la multitud anónima de cafés y bulevares, contentándose sólo con un cuarto tranquilo, una mesa y un cuaderno donde garrapatear con letra menuda e incansable sus libros,

demasiado ocupados para exhibirse en lugares de moda con capas y corbatas de lazo como un poeta de otro siglo.

Voilà la difference.

París es París y Barcelona es Barcelona.

Barcelona no es buena ciudad para el escritor que está haciendo sus primeras armas: allí corre el riesgo de ser aplastado por los menesterosos oficios de traductor o corrector de pruebas, y por el desdén de editores que dejan deslizar entre los dedos muy buenos manuscritos sólo porque su autor no es conocido,

configurando como dice un amigo mío el círculo vicioso, perfecto e infernal.

En cambio,

para el escritor consagrado,

Barcelona es ideal, porque aparte de ser la capital editorial del mundo hispánico toda la encantadora fauna intelectual y artística que allí flota, como brillante espuma,

vendrá a invitarlo, a rodearle, a mimarle con supremo estilo y elegancia,

indicándole, si lo desea, dónde se comen las mejores almejas, los mejores caracoles al ajillo, el mejor jamón serrano, dónde se encargan las camisas y las chaquetas de ante o cashemire, dónde los vinos, dónde, en qué lugar vecino a las Ramblas,

hay un descojonante espectáculo de putas viejas y travestistas.

Gracias a todos estos amigos traídos a la nueva vida de García Márquez por la celebridad, yo tenía discreto acceso durante mis breves estancias, viniendo de Mallorca, de la pobreza de frío y de piedra en que vivíamos en Mallorca, a detenidas e instructivas conversaciones sobre temas tan diversos como la temperatura a la que deben servirse los vinos o el salmón,

los equipos de alta fidelidad,
la sexualidad de los cangrejos,
los poetas catalanes del siglo XVII,
las misas de Bruckner
o los cuidados que deben dispensarse a los zapatos Ferragamo.

En la manera como todos ellos se sentaban alrededor del escritor famoso, como alababan de pronto algún objeto o prenda que hubiese comprado recientemente, o como le celebraban cualquier broma disparatada que se le ocurriese decir, uno veía aparecer en torno a éste una atmósfera, no vista hasta entonces,
de sutil adulación cortesana,
la misma que debía de abrumar a los monarcas de Versalles y que arrastran consigo, inevitablemente, las grandes actrices de cine, las divas de la ópera, los gobernantes y los artistas consagrados.

Y allí, también por primera vez, uno veía aparecer en la cara del amigo aquella expresión de fatiga como si la conversación fuese sólo un exasperante zumbido de moscas, aliviada apenas por una broma suya, truculenta, lanzada de vez en cuando, al descuido, casi hoscamente,
y de inmediato coreada por risas dóciles.

Apenas treinta metros más allá, en la misma calle, vivían Vargas Llosa y Patricia, su mujer.

A Mario, desde luego, lo rodeaba el mismo mundo, pero su manera de defenderse del brillante esnobismo ambiental era distinta a la de Gabo. En vez de colgar una hamaca de indiferencia sobre la conversación, Mario optaba por la táctica contraria, la del jugador de tenis, alerta, que devuelve con vigor cada bola,
sin dejar que el juego se ablande o se disgregue con pelotas corriendo por el suelo.

Así, se enzarzaba siempre en una conversación aguda,

penetrante, cargada de humor sobre el tema que le pusiesen sobre la mesa, ya fuera el de las novelas de caballería, los espaguetis, los restaurantes hindúes de Londres o el cine,

como si al día siguiente se propusiese escribir un libro sobre el tema.

Cuando Gabo estaba en la misma onda, la conversación despedía chispas como una lámina de acero en la piedra de un afilador.

Además de grandes amigos eran, como escritores, hijos de una madre común: Carmen Balcells, su agente literaria. La suya era la más memorable y hermosa amistad que haya conocido la literatura latinoamericana, antes de que quedara lamentable, irreparablemente rota. Es algo que siempre me ha dolido.

Nada ha ocurrido aún entre García Márquez y Vargas Llosa, que son todavía grandes amigos. Acabo de verlos. Acabo de regresar de Barcelona, donde he pasado el fin de semana. Como de costumbre, mi mujer ha venido al aeropuerto de Palma para recogerme en su pequeño Seat.

La carretera se extiende recta delante de nosotros a través de quietos campos con naranjos y olivos hacia una azul cadena de montañas, desvanecida en la luz invernal. Allí detrás, en un recodo protegido y maternal de colinas, con el mar vislumbrándose siempre muy lejos, vivimos.

—Estás deprimido —dice de pronto mi mujer, manejando el auto que avanza por la parte llana de la isla hacia las azules montañas.

—¡Qué va!

—Sí, estás deprimido. Cada vez que visitas a Gabo vuelves así. Te lo veo en la cara.

—Gabo no me deprime. Su éxito tampoco. Todo lo contrario. Me alegra. Pero hay algo, sí. Quizás es el mundo que ahora lo rodea. Yo ahí no tengo nada que hacer. Nada.

O quizás es otra cosa: mi saldo en rojo, que ahora me arde por dentro cuando estoy con él.

—Quizás sea eso. Uno debe aislarse de los otros escritores, especialmente de los que han ganado ya su apuesta. Es más sano. No me explico para qué vas a Barcelona.

—Cierto, no debía ir. El problema es que aquí me falta por momentos contacto con el mundo. Resulta poco instructivo sentarse por la noche en un café para ver campesinos jugando a las cartas. ¡Y hablando en mallorquín! Aparte de que uno necesita ver al viejo amigo. Lo necesito.

—Menos mal que yo no necesito a nadie. Me bastan tú y las niñitas.

—Y tus libros de Will Durant

—Faulkner y Virginia Woolf. Y Katherine Mansfield. ¿Cómo hacer para escribir como ellas?

—Ya llegarás.

—Qué depresión cuando después de un día de trabajo sólo he logrado poner dos frases en el papel. Ayer me ocurrió así.

—Así pasa a veces. Pero a veces, también, sin darte cuenta a qué horas abres un surtidor.

—Ojalá. Mira qué tarde tan linda.

—Linda, sí.

Volaban tordos y golondrinas sobre los olivos. El mar, visto desde la carretera, en el crepúsculo, tenía el mismo color de la bruma.

Paseando solo, después de un día de trabajo, yo me preguntaba cómo haría para continuar viviendo allí cuando se me acabara el dinero. El fantasma de la pobreza nos asediaba de nuevo, como en los primeros días de Barranquilla. De noche nos limitábamos a un café con leche con pan. Y las niñas andaban con ropas baratas compradas en Palma.

No era fácil vivir de la misma manera que a los veinte años, cuando uno (era mi caso) tenía los cuarenta muy cerca.

Hasta entonces, todo había marchado bien. Escribíamos cada cual un libro. (El mío se llamaría *El Desertor*.) Habíamos conocido en aquel lugar una paz increíble, haciendo por primera vez lo que realmente nos interesaba en la vida. Habíamos visto florecer los almendros en enero, habíamos visto venir tibia y luminosa la primavera mediterránea y luego,

intenso, resplandeciente,

con su quieta vibración de cigarras en las horas de mucho calor,

el verano.

Pero ahora, al llegar el invierno, la realidad, como un acreedor inoportuno, se hacía presente en los extractos bancarios. Y yo, paseando por la carretera, con el mar de un lado, a lo lejos, y la iglesia del pueblo alzándose sobre una colina, bajo el constante y vivo revuelo de golondrinas en el crepúsculo, me preguntaba

qué hacer.

Nada decía al volver a casa. Allí todo seguía irradiando paz. Las niñas jugaban con una pelota. Marvel calentaba agua en la cocina. El calentador de gas zumbaba suavemente en un rincón dejando aquí y allá, en el vestíbulo, pozos de frío. Cuando caía la noche, se alzaba del mar un viento fuerte que hacía vibrar las ventanas y sacudía la copa de los olivares, anunciando lluvia y mal tiempo para el día siguiente.

Me despertaba en la madrugada con la misma inquietud latiendo por dentro.

Al fin, una mañana, decidí escribirle a Gabo para ver si podía conseguirme trabajo a destajo en una agencia de publicidad de Barcelona o las inevitables, las ignominiosas traducciones de todo escritor suramericano varado en España.

Los tiempos habían cambiado. Ahora el pobre era yo.

Creo que ha llegado el momento de decirlo: como amigo

él nunca ha fallado; nunca ha pasado por alto un SOS que yo discretamente le haya hecho llegar.

Lo piensa, primero, cuidadosamente, sin anticipar nada, sin despacharse con fáciles frases tranquilizadoras, tomándose todo el tiempo que sea necesario para analizar un problema. Y un día, como el matemático que ha logrado despejar una ecuación enmarañada aparece con una solución clara y segura.

Fue así como me llegó a Mallorca la propuesta, gestionada por él, de ser el coordinador de una nueva revista latinoamericana en París. De *Libre*.

6

Las dos entradas de la calle están cerradas ahora con barreras de hierro y son custodiadas día y noche por guardias armados. Allí, en el número 22, vivió Francois Mitterrand antes de ser elegido presidente de Francia.

Angosta,

siguiendo la leve curva del río que siglos atrás pasaba por allí, la rue de Bievre se alarga entre casas altas y oscuras, hacia la claridad y los espacios abiertos del Quai de la Tournelle y el Sena.

Cuando, años atrás, abrimos allí, en el local de una antigua mercería, la oficina de *Libre*, los inmuebles parecían en ruinas a punto de venirse abajo, y estaban llenos entonces de inmigrantes árabes, amenazados de desalojo, que ponían ropas de colores en las ventanas y en las noches tibias de la primavera o el verano dejaban oír canciones de su tierra,

quejumbrosas como las plegarias de una mezquita.

El personaje tan severamente protegido luego por los guardias, vivía ya allí, en una gran casona remodelada del número 22. Como sus probabilidades de ser presidente eran todavía remotas, podía caminar tranquilamnte por la calle con su perro, como cualquiera de nosotros,

al atardecer,

vestido como a él le gustaba, un sombrero de ala ancha y

floja, un abrigo de bolsillos cómodos donde podía guardar, bien doblado, el periódico que compraba en la esquina, una larga bufanda de lana roja cuya punta flotaba libremente en el viento frío,

igual a un profesor distraído de otros tiempos.

El futuro presidente Mitterrand respondía a veces con un breve ademán el saludo de sus vecinos:

el peluquero de cabellos largos que abría sus puertas frente a la oficina de *Libre*, todavía embrujado por el humo y las canciones de mayo del 68, por los hippies, por los Beatles, por la música rock;

el zapatero armenio que nos guardaba el correo cuando estábamos ausentes; los árabes que en el restaurante abierto al lado nuestro ofrecían, bajo festones de papel, suculentos *couscous*, pasteles muy dulces y blancos de harina y licores anisados; los parroquianos del llamado por nosotros «el café de los monstruos» siempre rojos, densos, tambaleantes de vino, siempre medio andrajosos e injuriándose con voces sordas.

Juan Goytisolo no debió ver nunca al futuro presidente de Francia, como tampoco a los dos *clochards* sentados siempre a la entrada de la calle, ni la botella que protegían entre las piernas, ni la coqueta pluma azul que se alzaba en el sombrero roto de uno de ellos, ni menos aún, los geranios

que se abrían

con un repentino esplendor

en las ventanas leprosas de la calle;

nada veía Juan, ocupada la atención suya de una manera única y porfiada, en el proyecto que convocaba todas sus energías entonces,

el de aquella revista destinada a agrupar a todos los escritores en lengua castellana.

Juan es obseso, pero no a la manera de los locos, sino a la manera férrea, sigilosa y constante de las hormigas cuando les entra la chifladura de acarrear cualquier cosa, una hoja, un trozo de pan, un papel de plata, demasiado grande, en apariencia, para su tamaño y para sus fuerzas.

Usted le notaría de inmediato, si desde cualquier terraza de un café lo viera pasar delante suyo, caminando de prisa, con un abrigo gris, largo como una sotana, que parece prestado, una cartera atiborrada de papeles, febril, voluntarioso, la cabeza pequeña, la nariz larga y ansiosa como una proa conducida por su obsesión del momento.

Juan siempre tiene algo entre manos, algo espasmódico que sacude su timidez, le roba el sueño, lo echa a las calles, lo hace ir en metro de un lado a otro, llamar con apremio por teléfono hablando en aquel francés suyo, torrencial, andrajoso, con áspero acento de conserje español.

Empeñado en poner en marcha la revista, había logrado conseguir apoyo financiero de una dama para nosotros entonces misteriosa,

de un apellido aristocrático que nunca lográbamos retener, que había sido mecenas de un periódico de Jean Paul Sartre y de *Il manifesto* de Rosana Rossanda, y que era, además, heredera nada menos que de los Patiño de Bolivia, los reyes del estaño.

Aprovechando la presentación de una pieza de teatro de Carlos Fuentes en el Festival de Avignon, Juan había logrado reunir allí al grupo más importante de novelistas del *boom* latinoamericano: al propio Fuentes, a García Márquez, a Cortázar y a Vargas Llosa.

No creo que a ninguno de ellos le llamase especialmente la atención aquella revista, pero tampoco tenían motivos para oponerse, así que gracias a la atmósfera estival, quizás al vino, a los sentimientos fraternales que unían entonces al grupo, y sin duda gracias también a la febril

obstinación de Juan,

dieron luz verde al proyecto.

A Gabo, lo sé, nada le dicen las revistas, los congresos, los simposios, los piadosos proyectos
para agrupar a
en favor de,
pero en aquella oportunidad se habló de buscar un coordinador para la revista y él se acordó de mí, de mi situación en Mallorca, de mi discreto SOS enviado a Barcelona. Entonces, propuso mi nombre. Vargas Llosa lo aceptó. Cortázar también.

El único reparo, al parecer, correría por cuenta de Octavio Paz, asociado también al proyecto. Alguna vez escribió una nota hablando de cómo aquella revista, de la cual tenía la paternidad, se había dejado en manos de García Márquez o tal vez de un amigo que García Márquez
quería proteger.
Era cierto: lo cual no impide que el amigo, por cierto gran admirador de Paz, pudiera hacer una buena revista.

Por indicación de Gabo, hablé con Goytisolo en París.
Era un agosto caluroso, que latía en las calles vacías de París, como una vena inflamada, cuando llegué por primera vez a casa de Juan, en el ya célebre 33 de la rue Poissonière; me puso un vaso de whisky en la mano y empezó a hablarme de prisa,
atropelladamente
como disculpándose,
la señora no estaba, me decía (y yo no sabía de qué señora me estaba hablando. Me sentía, además, como si hubiese ido a buscar un empleo todavía nada seguro).
Siempre me ha divertido la timidez cerril de Juan, la manera como habla, como se ruboriza, como rehúye la mirada, quemando siempre las etapas de una conversación que podía ser tranquila y con preámbulos, hasta el momento en

que algo humorístico lo hace sacudir de risa y los ojos amarillos le brillan como los de un paje malvado.

Salí de su casa sin creer demasiado en aquella revista sujeta a una improbable mecenas, hasta que una carta, escrita en la caligrafía apretada y voluntariosa de Juan, vino a buscarme a Mallorca, meses después, cuando ya hacía frío, para poner fin

a mi retiro de golondrinas y olivos

y traerme a París.

Ante todo, debía ver a la señora en cuestión. No me dijo Albina du Boisrouvray, sino la señora. Y la señora era para mí aquella dama misteriosa, la Patiño, a la que yo, no sé por qué, con aquella leyenda de imperios de estaño detrás suyo, imaginaba con los rasgos de toda aristócrata latinoamericana, glacial y distante,

una dama ya de alguna edad, de huesos frágiles y cabello gris, vestida de negro y con un solitario de diamante en la mano.

En vez de todo ello,

encontré una casa en el 102 rue du Bac donde zumbaban en la planta baja máquinas de escribir; encontré también una escalera que llevaba a un piso superior y al abrir la puerta que abajo me habían indicado, pensé que había cometido un error, pues allí estaba,

acostada en su cama,

con una caja de kleenex al alcance de la mano por culpa de un resfrío,

una mujer joven, bonita, trigueña, de largos cabellos oscuros y de grandes ojos de un luminoso color champaña.

—¿Tú eres Plinio? —me dijo en español con un leve acento que no era francés, sino italiano, nada gutural y todo mandolina.

Albina es una de esas raras mujeres de negocios —si así debe llamarse a una conocida productora de cine— que tiene una frágil e inquietante feminidad.

«Chorrea feminidad por todos lados», me dijo alguna vez García Márquez, después de que almorzamos los tres. Y es cierto, le chorrea como la miel en el flanco de un odre, y uno no sabe a qué atribuirlo, si a su lado latinoamericano o a una infancia protegida, sin las asperezas que forman el carácter de las mujeres europeas

de la sociedad industrial.

Uno la ve en el primer momento como a una de esas mujeres que pasan horas ante un espejo pintándose las uñas o cepillándose el pelo. Pero, al contrario, es una mujer activa, que se mueve con soltura en un mundo de tiburones,

siempre con una agenda atiborrada de citas y siempre con un avión a punto de tomar, sin perder por ello su aura femenina.

Aquella vez, la primera,

cuando por culpa de un resfrío la encontré en su cama, todo el rastro del mundo en que vivía eran unas leves hojas clavadas en la pared de su cuarto, sobre láminas de corcho, donde había escrito con letra grande, inocente, prodigiosamente femenina en su nítida desenvoltura:

«Llamar a Brigitte Bardot»,

«Jueves, cita con Delon»,

etc.

Sobre la mesa de noche, recuerdo, había dos chequeras.

Ella tomó una, y mientras hablaba conmigo en su español melodioso de espumosas reminiscencias italianas, iba firmando con un gran bolígrafo todos aquellos cheques en blanco.

Por la manera como hablaba, descubrí que ella tenía de América Latina la misma visión intensa y romántica que se hacía la izquierda europea de entonces, un opio de bellas imágenes

con hermosos guerrilleros muertos en selvas recónditas, el Che Guevara, las canciones de protesta, multitudes marchando por las calles de Santiago («el pueblo unido jamás será vencido»),

y del otro lado, los torvos gorilas militares, los ricos, la CIA.

Es decir, al fin un ámbito del mundo donde uno podía elegir con tranquilidad la buena causa por fuera de los ya conocidos desencantos del Este.

Albina había realizado para el *Nouvel Observateur* un reportaje en Bolivia con motivo de la muerte del Che Guevara, se había robado (sobre el escritorio de un general) la bala que lo mató y había sentido (como todos nosotros, naturalmente) la congoja y la cólera

por aquella muerte decretada por las altas instancias de la CIA y cobardemente infligida.

Así, cuando Juan vino a verla —ansioso, febril, tan parecido al eterno rebelde español de siempre— hablándole de aquella revista que daría voz a la izquierda amordazada del mundo hispano, ella aceptó darle al proyecto toda su ayuda,

sin pensarlo dos veces.

Abrió una cuenta, depositó allí unos fondos generosos, y ahora, sentada en su cama, firmaba todos aquellos cheques en blanco y me pedía que al salir se los entregara a su secretaria.

—Cuando necesiten dinero se lo piden a ella.

Así de simple fue todo.

Gracias a esta ayuda financiera, la revista duró cerca de dos años.

Desde luego, Albina (nieta de Simón Patiño por el lado materno, pero en fin de cuentas francesa y de padre francés) jamás imaginó que aquel dinero dado con candor iba a convertirse para una jauría de coléricos, de venenosos intelectuales de izquierda, en el vil oro de Patiño

corrompiendo conciencias.

Aunque ella no le hubiese impuesto a la revista ninguna clase de condiciones; aunque la revista expresara en su primer número apoyo a Cuba y al Chile de Allende y su oposición a los imperialismos, en mis viajes por América Latina iba encontrando siempre —especialmente en los países del cono sur— temblorosos apóstoles, malos poetas, mediocres escritores (en el fondo hirviendo de envidia hacia el éxito de los novelistas del *boom*) que se levantaban aquí y allá, en reuniones y asambleas, para manifestar como un imposible moral su colaboración en una revista

(voz alta y gruesa, vibrante de emoción)

manchada, compañeros, con el sudor y la sangre de los mineros bolivianos.

Albina no entendía nada de esos ataques.

«Dime —me decía con los ojos llenos de estupor—, ¿por qué nos atacan? ¿No somos acaso todos de izquierda?»

Jamás, como entonces, he sentido cuán inmenso es el océano Atlántico.

Nada más difícil que poner de acuerdo a los escritores de habla hispana alrededor de un proyecto, cuando hay de por medio consideraciones políticas.

En febrero de 1971, hubo una reunión en Barcelona a la que asistieron Julio Cortázar, García Márquez y Vargas Llosa para definir las orientaciones de la revista. Yo estuve presente, y desde entonces me di cuenta que Cortázar tenía por *Libre* reservas no explícitas, pero evidentes

relacionadas con Cuba.

Durante los meses que precedieron la aparición de *Libre*, Julio iba a resultar particularmente difícil, a veces conflictivo. Yo no acababa de entender todavía la causa de sus repentinos virajes, de sus cambios de humor.

Viéndolo aparecer a veces con un gorro de piel y unas barbas y botas de cosaco, tan grande que no cabía en nuestra minúscula oficina, saludándonos siempre con mucho afecto, uno tenía la impresión de encontrarse con un gigante

con algo de niño,
irradiando amistad y calor.

Pero bajo toda la capa de azúcar de sus saludos y palabras uno se encontraba de pronto con la almendra dura y amarga de un recelo inexplicable, que se expresaba en nuevas exigencias, en prevenidas condiciones de última hora y en la siempre latente amenaza de retirar su nombre del comité de redacción.

Cada visita suya me producía una sensación de fatiga y desaliento.

Cuando uno pensaba haber cedido a todas sus exigencias, aparecía con otras expresadas de manera terminante, como el hombre que pone obstáculos para no cerrar un negocio del que se ha arrepentido.

Así, luego de haber impuesto modificaciones al editorial escrito por Juan Goytisolo, encaminadas a hacerlo más afirmativo en su compromiso con el llamado «proceso revolucionario» del continente, Julio exigía una declaración política en la que explícitamente se diera

respaldo a la revolución cubana.

Sobre la realidad de aquel país muchos teníamos ya inquietudes y dudas que el alienado mito de la revolución nos impedía expresar de un modo abierto. Las experiencias vividas —en mi caso— o referidas por inconformes o exiliados cuya honestidad parecía evidente, en vez de ser vistas como fenómenos inherentes a la naturaleza misma

de un régimen comunista,

eran juzgadas todavía por nosotros como distorsiones reparables de un proceso o, para expresarlo con una fórmula hoy absolutamente podrida, porque ha servido para encubrir o excusar toda clase de atropellos,

como simples accidentes de camino.

(Los famosos «*accidents de parcours*».)

De todos los escritores embarcados en esta adhesión

sentimental al mito cubano, el más cándido era Julio, nuestro querido Julio Cortázar.

Algún amigo suyo lo calificó privadamente de «viejito verde de la política». En realidad, después de una vida solitaria refugiada entre libros y discos y consagrada al sigiloso trabajo literario, Julio llegó al compromiso con la revolución, con la izquierda y con el socialismo, a una edad crepuscular, pero con el fervor enteramente acrítico de un adolescente.

Al parecer, de este sarampión ideológico que le cayó de manera tardía fue en buena parte responsable su segunda esposa, Ugné Karbelis, y nuestro querido amigo, entonces director de Prensa Latina, Aroldo Wall, que era algo así como su contacto permanente con Cuba y su asesor político.

A Dostoievski, supongo, le habría interesado sobremanera un personaje como Ugné. Ella representa de una manera compleja y vehemente las infinitas tortuosidades del alma eslava, su carga pasional de amores y odios fulgurantes, de cálculos e impulsos,

de rencores y afectos del todo incomprensibles.

Protectora de Kundera, el escritor checo disidente, Ugné era, contra toda lógica política, incondicional de los cubanos, o actuaba en todo caso en perfecto acuerdo con ellos. Agrupados en torno a la Casa de las Américas, los responsables de la política cultura cubana estaban demasiado contentos con el monopolio que ejercían sobre escritores y artistas latinoamericanos desde La Habana, para ver con buenos ojos que surgiera fuera de su control un polo independiente de atracción intelectual en torno a una nueva revista de París,

sospechosamente

llamada *Libre*.

Así que Ugné y Aroldo ejercían sobre Julio una influencia muy grande en aquel momento. Ugné con su oscura vehemencia, exacerbada a veces por algunos vasos de whisky, y Aroldo con su ecuánime acento del Brasil, y esa mezcla de simpático cinismo, de astucia, suavidad y humor del hombre inteligente que logra mantenerse a flote en un sistema comunista.

De modo que allí estaban siempre los dos, sembrando pacientemente recelos en ese nuevo jardín de los candores políticos de Cortázar.

Aquella era la explicación de que él llegara a las oficinas de la rue de Bievre, desconfiado como si entrara a una cueva de gitanos, exigiendo algo nuevo que yo, de acuerdo con Juan Goytisolo, acababa aceptando, para evitar que la revista naciera con un ala rota.

La declaración política pedida por Julio Cortázar fue escrita por mí (generosamente pavimentada de esa clase de estereotipos que hacen feliz a cierta primaria izquierda continental). Julio la leyó y aprobó, con el cambio accidental de dos palabras,

una tarde,

en el segundo piso del café de Flore, en medio del cotorreo vivaz, recuerdo, de un enjambre de homosexuales que hablando con aflautadas voces de mujer, y excitados como muchachas que planean una fiesta de disfraces, tomaban allí el té al lado nuestro.

Pese a estos esfuerzos casi ilícitos de contemporización, el llamado caso Padilla nos estallaría en las manos como una granada antes de que apareciera el primer número de *Libre*,

dividiendo para siempre en dos bandos

a los escritores de lengua castellana.

Aquella manzana de discordia quedaría partida de forma caprichosa, imprevisible, dejando, por ejemplo, de un lado a Cortázar y García Márquez y de otro a Vargas Llosa, Fuentes, Semprún y Goytisolo.

Personalmente, por primera vez en mi vida, estuve políticamente en desacuerdo con Gabo.

Todo empezó con un mínimo despacho publicado en *Le Monde* dando cuenta de que el poeta cubano Heberto Padilla había sido detenido en La Habana.

Padilla era no sólo uno de los mejores poetas cubanos, sino también, para los escritores de lengua castellana que entonces viajaban con frecuencia a La Habana y formaban parte de jurados literarios en los concursos de la Casa de las Américas, el símbolo de cierta independencia,

quizás de cierta irreverencia intelectual,

de cierto cuestionamiento crítico frente al calcáreo endurecimiento de importantes arterias del poder, especialmente de la Seguridad de Estado, que empezaba a ser omnipresente y muy temida.

Con una evidente vocación de teatral exhibicionismo, inteligente, provocador, el humor brillándole siempre en las pupilas y en sus muy cubanos juegos de palabras, Padilla hablaba de realidades del gobierno con una traviesa desenvoltura sin cuidarse de oídos ni de micrófonos.

A veces, interrumpía cualquier diálogo con sus amigos latinoamericanos de visita en La Habana para gritarle a las paredes de su apartamento mensajes con destino a Piñeiro, el jefe de la seguridad.

(«oye, Barbarroja comemierda...»)

mensajes que las paredes, en efecto, recogían.

Sin duda, pensaba él que a causa de su prestigio nada le podía ocurrir.

Cuando el gobierno consideró que las juzgadas impertinencias y provocaciones de Padilla habían desbordado la copa, se le detuvo y se le encerró en una celda de seguridad.

Para muchos escritores hispanoamericanos y franceses

este hecho vino a confirmar sus temores acerca de una evolución del régimen cubano hacia las típicas formas unanimistas y ortodoxas conocidas en el Este.

Otros, por el contrario, identificados integralmente con este perfil ideológico del régimen, se apresuraban a considerar como una medida de salubridad revolucionaria el castigo al

poeta pequeño burgués y provocador que objetivamente estaba haciéndole el juego al imperialismo.

Entre estos dos polos, Cortázar vino a representar sorpresiva y sin duda candorosamente una posición intermedia, que acabó imponiéndose.

Lo veo entrando aquella vez a nuestra pequeña oficina, sentándose en una frágil silla de madera que crujió bajo su peso de gigante, colocándose los lentes con un ademán pausado de profesor y examinando el proyecto de telegrama a Fidel Castro redactado aquella mañana por el impulsivo Juan Goytisolo.

Dejó muy despacio la hoja sobre la mesa, retiró los lentes que quedaban en su mano como un signo de interrogación mientras sus ojos azules, que seguían teniendo una limpidez adolescente, sólo expresaban

tribulación y desamparo.

—Hay que actuar con suma prudencia, dijo al fin con aquellas erres guturales suyas, iguales a las de Alejo Carpentier.

Y empezó a hilvanar frágiles, inteligentes, inocentes conjeturas. Era muy posible, viejo, que Fidel no supiese nada de aquella detención. Casos similares se habían visto. Por consiguiente era del todo precipitado enviar un telegrama de protesta; debía enviarse uno que expresara cautelosamente inquietudes por la detención de Padilla.

Tampoco debía darse el telegrama a la publicidad, al menos durante ocho o diez días, a fin de que Fidel tuviese tiempo de resolver este problema, que después de todo, viejo, al lado de los que él debe afrontar todos los días, debe de ser menudo,

alguna tontería de un funcionario apresurado.

Cortázar tenía razones para creerlo así: meses atrás, un problema relacionado también con Padilla —la pérdida de su empleo— se había resuelto con una llamada a Celia Sánchez, secretaria de Fidel, hecha por Carlos Franqui, entonces amigo de todos los escritores del *boom* y algo así como embajador itinerante de Cuba en Europa.

Algo similar podía ocurrir ahora.

Juan Goytosolo, que había tomado aquel asunto entre manos con esa fogosidad hacia todas las cosas que en un momento le tocan al corazón, se apresuró a cortar aquellas piadosas especulaciones, proponiendo cambios a su texto inicial, a fin de iniciar la recolección de firmas.

Sin tiempo de consultarlo con nadie —y quizás pensando que prestaba un servicio a la causa cubana dándole un giro ecuánime a aquel mensaje— Julio acabó por limar todas las aristas del texto pesando cada palabra con la minuciosa cautela de un relojero.

Y después lo firmó.

Sin duda, de aquel gesto se arrepentiría Cortázar el resto de su vida, pues jamás imaginó cuál iba a ser la reacción de Castro.

Apoderándose del teléfono, hablando a veces en español, a veces en su francés torrencial, Juan empezó a recoger una copiosa vendimia de firmas, empezando por Sartre y Simone de Beauvoir.

Yo me reservé a los que entonces llamaba los «antropófagos». La verdad es que, conseguida la firma de Cortázar, me divertía mucho llamarlos.

Los «antropófagos» representaban la semilla de los futuros burócratas de una sociedad comunista, en el supuesto caso de que alguna vez lleguen a ella, como no sea mediante un sabio camuflaje, pues su propio maximalismo ideológico y verbal los ha colocado siempre a buena distancia de las masas en cuyo nombre generalmente hablan.

Depositarios de todos los dogmas marxistas, dueños de un vocabulario acribillado de estereotipos, para quienes invariablemente Estados Unidos representaba el imperialismo yanqui, la clase obrera, la vanguardia del proletariado, los disidentes «provocadores», «gusanos» o «contrarrevolucionarios», la antigua Unión Soviética la patria

del socialismo

sin la cual Cuba no habría sido posible, compañero,

todos ellos, en realidad, se las arreglaban muy bien para vivir del modo más confortable posible en la vituperable sociedad capitalista.

Profesores universitarios, funcionarios de la Unesco o responsables de alguna colección editorial, escribían desgarrados ensayos, dolidos poemas sobre niños famélicos y mineros explotados (sin haber pisado nunca una mina), a la manera de Neruda (sin llegarle a los tobillos a Neruda),

ladraban con furia en los talones de Borges,

ganaban concursos en la Casa de las Américas —que premiaba más su docilidad política que su talento—, pasaban su vida organizando toda suerte de coloquios y simposios sobre temas tales como el compromiso del escritor latinoamericano, viajaban de un festival a otro convertidos en gitanos de la cultura y representantes de las desgarradas entrañas de América Latina, en exiliados sin serlo,

siempre alternando sus jeremías y sus furiosas diatribas con las delicias de una buena mesa, los caracoles, el *confit de canard*, los vinos del Loira y de Burdeos.

Si usted, como le ocurrió a un amigo mío peruano, pobre de solemnidad, les acerca una copa de champaña en público (champaña que beben en privado, a menos que se lo prohíba algún problema cardíaco), ellos, dirigiéndose a la galería, dirán con voz

vibrante, sacudida por una ráfaga de emoción:

«No puedo beber champaña, cuando en mi continente corren ríos de sangre.»

Son ellos los que fomentan entre tanto francés despistado, entre tanto buen samaritano en busca de una causa heroica y lejana donde ahogar sus grises frustraciones, los más baratos estereotipos suramericanos. Exaltaban al bravo guerrillero —al tupamaro, al montonero, al senderista— sin preguntarse jamás si sólo van a conseguir con ello propiciar el advenimiento de

una sangrienta dictadura militar,

que, de paso, nunca irán a padecer.

Conozco tan bien esta fauna, que eludo festivales y coloquios para no encontrármela.

En aquellos tiempos de *Libre*, los antropófagos revoloteaban en torno a Cortázar.

Cuando Padilla fue detenido, naturalmente que en cada uno de ellos aparecía un pálido inquisidor, un pequeño Robespierre con bufanda, pidiendo un análisis objetivo, sin ninguna suerte de sentimentalismo pequeño burgués, me perdonas, sobre el problema.

Un poeta no debía tener fueros especiales, debía ser igual a un cortador de caña o a un miliciano, obligado a cumplir con un deber de disciplina revolucionaria.

No había que olvidar que aquella era una revolución amenazada —¡con el imperialismo a noventa millas de sus costas, nada menos!— para permitir un provocador de segunda clase, un poeta poniendo en duda sus valores y principios.

Todo eso decían mis queridos antropófagos. Y yo disfrutaba como un enano maligno llamándolos para pedirles que firmaran el telegrama a Castro.

—Julio firmó ya —les decía.

Ahí se caían del caballo: yo lo notaba por la manera como de pronto un estupor electrizado les silenciaba la voz.

—¿Firmó Julio? —se aseguraban, al cabo de unos instantes, incrédulos.

—Claro, hombre. Julio firmó. Él teme que Fidel no sepa nada de esto.

Que sea asunto de algún subalterno apresurado. O de un brote de sectarismo, digo yo. Como el de Escalante.

La alusión a Aníbal Escalante, el secretario de organización del partido comunista diez años atrás juzgado por sectarismo, producía en ellos efectos mágicos. Les recordaba el famoso desviacionismo de izquierda, al que ellos eran obviamente propensos. El temor de una herejía empezaba a latirles
como el corazón de un pecador
en el fondo de un confesionario.

—Puede ser —decían devorados ya por la duda. Y todavía vacilantes—: ¿Pero estás seguro de que Julio firmó?

—Pregúntaselo y verás.

Al día siguiente, un poco asustados, un poco apaleados, aparecían por las oficinas de *Libre* y firmaban. También ellos, para incredulidad de Juan Goytisolo que, agotados todos los escritores con Sartre y Simone de Beauvoir a la cabeza, andaba ya recogiendo firmas de pintores y músicos.

Sólo faltaba en nuestra lista un nombre de primera línea: García Márquez.

Se trataba para mí, en aquel momento, de un problema puramente circunstancial: no conseguía comunicarme con él. De vacaciones en Colombia, cuando se produjo la detención de Padilla, Gabo andaba por su región natal, en los ardientes confines de Macondo, donde era virtualmente imposible localizarlo desde París por teléfono.

Le dejé recados en Barranquilla con amigos comunes pidiéndole que me llamara de urgencia a París cuando llegara.

Gabo no llamó

y yo pensé simplemente que no le habían dado mis mensajes.

Yo no tenía sin embargo ni la sombra de una duda acerca de su actitud frente al caso Padilla. Sabía, o pretendía saber, lo que pensaba a propósito de Cuba. No sólo habíamos tenido una experiencia común bastante significativa, sino que posteriormente todos los informes recibidos confirmaban nuestra sospecha de que el partido, muy influyente,

procedía con su sectarismo acostumbrado.

García Márquez tenía la impresión —que yo compartía entonces— de que Fidel intentaba evitar aquello, en lo posible, sin tener tampoco toda su libertad de maniobra por la infortunada dependencia económica hacia la Unión Soviética.

Gabo me había presentado en Barcelona a Carlos Franqui. Era su amigo. Y Carlos, tan honesto, tan pobre, tan nítido, había sido también —y sigue siéndolo— un amigo mío.

Su situación en aquel momento nos parecía más que significativa.

Desalojado del diario *Revolución* por presión del partido y de los soviéticos, Fidel, para protegerlo, le había confiado algunas misiones culturales en Europa. Franqui viajaba con pasaporte diplomático cubano. Cada vez que había algún problema delicado o importante en el ámbito cultural, que no podía ser tramitado por el canal regular de una embajada, Franqui tomaba un teléfono y llamaba

a Celia Sánchez, la secretaria personal de Fidel.

Todo lo que Franqui nos contaba acerca de Cuba, del partido, de la burocracia, de la seguridad, a veces hablando hasta muy entrada la madrugada, en Barcelona, confirmaba nuestras impresiones,

era algo que ya habíamos visto.

Oyéndolo, cambiábamos con Gabo una mirada cómplice.

Llevábamos tanto tiempo hablando sobre el tema, con plena identidad de puntos de vista, que yo no podía abrigar duda alguna sobre su eventual reacción respecto a la detención de Padilla. Así lo creía honestamente.

De modo que cuando resultó imposible localizarlo por teléfono, y el telegrama estaba a punto de ser enviado, yo le dije a Juan Goytisolo, tranquilamente, sin el menor reato:

—Pon la firma de Gabo. Bajo mi responsabilidad.

Pensaba que omitirla, por un problema para mi circunstancial, iba a prestarse a interpretaciones equívocas, cuando todos sus amigos, los escritores del *boom*, habían firmado ya.

Al parecer hubo una mala jugada del correo.

Desde Barranquilla, Gabo me había enviado una carta explicándome que no firmaba «mientras no tuviera una información muy completa sobre el asunto».

Cuando el telegrama fue publicado en todos los diarios, incluyendo su nombre entre los firmantes, García Márquez en vez de apresurarse a rectificar llamando a las agencias noticiosas, me escribió una carta,

explicándome sus motivos.

En suma, desconfiaba de la manía telegráfica que había prosperado en París. Le parecía que nuestro mensaje era en todo caso, por falta de informes confiables,

apresurado.

Noblesse oblige, llamé de inmediato a Aroldo, el director de la agencia Prensa Latina en París.

—Te tengo un regalo que me agradecerás toda tu vida —le dije—. Una noticia de primera, Aroldo. Hará feliz a tus jefes. Gabo no firmó el telegrama a Fidel.

—Eso sí es grande, mi hermano —vibraba la voz de Aroldo, alegre como una samba.

—La firma la puse yo. No vayas a calumniar a Vargas Llosa. Ni a Juan. La puse yo. De modo que tienes una buena fuente para la rectificación.

—Grande, mi hermano. *Moito* obligado.

Entretanto, la ruptura de buena parte de los escritores con Cuba había quedado protocolizada, después de que Padilla hiciera su caricatural autocrítica en la sede de la Unión de Escritores,

y de que Fidel, en un discurso pronunciado ante el Congreso Cultural reunido en La Habana, hubiese lanzado contra los firmantes del telegrama tan cautelosamente pulido por Cortázar

un torrente de injurias, describiéndonos como una élite privilegiada,

que frecuentaba «los salones de París»

(como si estuviésemos en la época de Proust).

Cuando yo llegaba al horrible apartamento donde vivía, en la rue de Rome, siempre oloroso a coliflores y a sopa, me daba risa aquello de los «lujosos salones parisinos».

La autocrítica de Padilla y el discurso de Fidel partieron en dos el comité de redacción de la revista, que incluía a cien intelectuales.

Sartre, Simone de Beauvoir y la mayoría de los escritores y artistas europeos (con la pintoresca excepción del italiano Luigi Nono que envió un telegrama a Goytisolo invitándolo a un dialéctico y sin duda gimnástico salto cualitativo para entender la nueva situación cubana);

Mario Vargas Llosa, Goytisolo, Fuentes, Semprún, Claudín, Edwards y con ellos un buen número de escritores de lengua castellana, veíamos aquella autocrítica de Padilla como una farsa grotesca, una copia irrisoria y benigna de los procesos de Moscú y Praga,

sin torturas ni muertos, es cierto,
pero igual en su sombrío ritual de inquisición.

Padilla, desde luego, no tenía nada de héroe. No tenía la estructura sólida, inquebrantable de carácter, de un Pierre Golendorf, el fotógrafo francés que fue detenido casi al mismo tiempo con él por haber consignado opiniones adversas a ciertos aspectos de la política oficial cubana en su diario. Los responsables de la Seguridad de Estado cubana lo sabían, así que se aplicaron a intimidar a Padilla,

recordándole todas las críticas y denuestos suyos grabados y guardados en los archivos,

mostrándole la tenebrosa perspectiva de diez, de veinte, quizás de treinta años de cárcel,

a menos que confieses, chico, tus errores.

Padilla comprendió. Ningún deseo tenía de oler las celdas de la Cabaña. Su humor inteligente y cínico era ajeno a la heroica verticalidad de un disidente. Él era Padilla, no Solzhenitsin. Así que optó, con una traviesa astucia, por hacernos desde lejos un guiño,

parodiando el tono litúrgico de las ya célebres autocríticas del mundo comunista, exagerando apenas el trazo, de modo que a la vez nosotros comprendiéramos y que sus comisarios quedaran satisfechos. Sin duda logró su propósito.

Por supuesto, después del hirviente chaparrón de injurias de Fidel, que también había caído sobre ellos, mis queridos antropófagos no sabían dónde meterse. Andaban como perros escaldados.

No digerían los caracoles ni el *confit de canard* y el vino de Burdeos tenía un sabor amargo, ahora que habían sido arrojados a las tinieblas como herejes, ellos, los monarcas del dogma.

Consternados, buscaban refugio cerca de quien llevara todavía el aura beatífica de la revolución, como su amigo Aroldo, explicándose profusamente, redoblando, para lavar su culpa, sus amargas diatribas contra Padilla y de paso contra nosotros, los escritores del otro bando,

individualistas, al fin y al cabo, burguesones, decían.

Naturalmente que todos ellos interpretaban la autocrítica al pie de la letra, como la confesión de ignominiosos pecados contrarrevolucionarios dignos de un castigo ejemplar, años de cárcel, quizás el paredón, decían masticando su *confit de canard* con vigorosa desolación, encorvados, furiosos contra ellos mismos por haber firmado (mirándome con odio), Robespierres que nunca habían soñado con ver alzarse sobre su propia cabeza

la cuchilla de una guillotina.

Lo de Julio Cortázar era otro cuento. Julio sí partía el alma. Hacía años que iba a Cuba, que participaba en todos los actos de apoyo a la revolución cubana, que firmaba y aprobaba cuanto papel viniera de allí,

y siempre había en su estéreo discos de Puebla, y sobre su mesa aromáticos cigarros y una botella de ron de Cuba.

Después de tanta devoción, de haber pulido todas las aristas de nuestro telegrama, de haber pedido cautela, también sobre él caían las injurias y las excomuniones de Fidel. Cortázar estaba abrumado.

Para colmo, allí estaban sus fieles consejeros, Ugné y Aroldo, echando sobre sus heridas todavía abiertas, sangrantes, la sal y el vinagre de sus reproches. Seguramente roncos, vehementes, incansables, los de Ugné; suaves y afectuosos, como expresiones de condolencia, los de Aroldo.

Cuando le enseñamos, en las oficinas de *Libre*, el segundo telegrama de protesta a Castro, redactado en términos muy duros por Mario Vargas Llosa y firmado por 61 intelectuales, Julio apenas paseó por las primeras líneas de aquel papel una mirada, lo soltó como si fuese un hierro hirviente.

—¡Yo no puedo firmar eso! —dijo espantado.

En aquellos meses que siguieron al caso Padilla, Cortázar hacía gestiones patéticas y llenas de inefable candor buscando una reconciliación con los cubanos. Algún día me contó haber llevado a la embajada de Cuba unos kilos de ropa usada y una máquina de escribir vieja,

sin duda como modesta contribución para mitigar las penurias del bloqueo norteamericano. Pero los cubanos ni siquiera lo recibieron.

Dentro de aquella situación atribulada, en el lindero mismo de la depresión, le envió desde la soledad de su casa de Saignon, en el sur de Francia, al pícaro Aroldo su famoso poema autocrítico.

Aroldo me lo obsequió para la revista.

—Hermano —estalló eufórica su voz en el teléfono de mi casa, una mañana—. Tengo un regalito para pagarte el tuyo. Vas a oírlo.

Y con su divertido y musical acento de samba, me leyó unos versos:

«Buenos días, Fidel, buenos días, Haydée, mi casa, mi caimancito herido...»

—¿Qué cagada es esa? —pregunté yo.

—De Julio —decía Aroldo ahogándose de la risa.

—¿De Cortázar? No puede ser.

Se volvió loco, pensé.

Aquella tarde, cuando le enseñé a Marvel, mi mujer, el largo poema lleno de congojas y diatribas, ella movió la cabeza con incrédulo, triste asombro.

—Es un tango —dijo. Y luego, acordándose de las hienas y chacales que saltaban en cada línea del poema—: Con letra de Vichinsky.

Meses después,

Julio pasó una mañana por las oficinas de *Libre*, me llevó al café de la esquina y luego de pedir un sándwich de jamón, con mantequilla y un pepino, y una copa de Beaujolais, empezó a explicarme el problema que se le planteaba de figurar en la revista ahora que el próximo número iba a ser dirigido por Mario Vargas Llosa.

«Vos sabés todos los esfuerzos que yo he hecho por arreglar mi situación con los cubanos, esfuerzos constantes pero desgraciadamente poco recompensados...»

Mario, según él, era la bestia negra de los cubanos. Injustificadamente, sin duda, pero era así. Si él, Cortázar, dejaba que su nombre apareciera en un número dirigido por Vargas Llosa, todos aquellos larguísimos esfuerzos se vendrían al suelo. Había que explicárselo a Mario, decía Julio, sentado en el café, la luz del sol entrando por la ventana e iluminándole las barbas (lo veo), y sus ojos azules diáfanos, serios, llenos de aquel asombro y candor suyo.

Yo imaginaba la fulgurante ira de Mario oyendo semejante explicación. Si no fuese por la infinita inocencia que lo envolvía, el mensaje que me confiaba Julio era simplemente afrentoso.

—Temo no poder explicarle adecuadamente tus razones a Mario —le dije—. Será mejor que le escribas a Barcelona.

—Claro, viejo, claro.

A cualquier persona menos desprevenida que Julio le habría resultado imposible escribir aquella carta. Pero la escribió. Y Mario, como es lógico, la tomó muy mal.

Para Cortázar, de hecho, cualquier medio de aproximarse a Cuba, el más humilde estaba legitimado, santificado de antemano, como lo está para un penitente afligido hincarse de rodillas con los brazos abiertos

ante un altar,

tal era —tal es aún para muchos— la ciega y religiosa alienación suscitada por Cuba, el poder del mito revolucionario, la vocación de profetas de nuevas eras que se echan sobre los hombros tantos escritores nuestros, inocentes hadas manchándose en las cocinas del poder.

Salvo en el humor y en la cortante ironía porteña que fulguraban a veces en sus palabras, Cortázar no se parecía mucho a Horacio Oliveira, el personaje central de *Rayuela*.

Astrológicamente

Oliveira tiene toda la pinta satánica, amarga y tierna de un escorpión, mientras que Julio, ordenado, ingenuo, sensitivo, con su vida, pese a todo, puesta como una camisa bien planchada en el ropero, con una prodigiosa capacidad de acumulación de conocimientos diversos y una fina aptitud hacia la especulación intelectual

era un auténtico virgo.

Un virgo fascinante por el que uno tenía sin remedio mucho afecto.

Pero en política, por Dios, era como un *boyscout* confiado y limpio, con su silbato y su bastón, internándose sin saberlo, atrevidamente,

en los parajes en donde reina Maquiavelo.

Si la posición de Cortázar era más bien previsible, la asumida por Gabo era un enigma. Gabo había observado como yo de muy cerca la evolución sufrida por la revolución cubana y en particular, la manera como el espíritu estrecho y dogmático del partido —que virtualmente nos había expulsado de Prensa Latina diez años atrás— en vez de desaparecer o disminuir, había invadido

como un cáncer

todo el organismo estatal.

Sabíamos por Franqui que los servicios de seguridad organizados con la asesoría de los soviéticos, eficaces en el manejo de los interrogatorios y en la manipulación psicológica de los detenidos, explicaban de sobra los procedimientos utilizados con Padilla.

Con estos indicios previos, lo ocurrido con Padilla podía explicarse sin necesidad de mayores averiguaciones. De
ahí que la prudencia de García Márquez
me desconcertara.

A mí me parecía evidente que Padilla había sido castigado por su locuacidad y por su impertinencia, dos rasgos que
poco a poco,
con la evolución del régimen, iban convirtiéndose en delitos contrarrevolucionarios.

Muchos no creíamos que Padilla estuviese comprome-
tido en alguna suerte de conspiración, ni que fuera promo-
tor de un movimiento disidente.

El suyo era
un simple delito de opinión, de esos que un régimen comunista no suele tolerar.

Yo tenía la impresión de que la carta que me había enviado Gabo dejaba muchas explicaciones en la sombra y que
tarde o temprano el enigma de su posición sería despejado.

En efecto, al volver a Barcelona, después de una larga
temporada en el Caribe, me llamó de inmediato por teléfono anunciándome su venida a París.

Para hablar, dijo.

En cuanto entró en el apartamento que ocupábamos en la
rue de Rome y vio a mi mujer, la cara que ella le puso, alzó
los brazos con humor:

—No me vayas a regañar por lo de Padilla —le dijo.

Y ella, caribe como él, irreverente, sin poder guardarse
nada para sí misma:

—Claro que te regaño, Gabito. Lo que hiciste es el colmo.

Él se echó a reír.

—Marvel —dije yo—, déjale a Gabo tiempo de llegar.
Tenemos que hablar muy largo con él.

Cenamos juntos durante tres noches hablando siempre obsesivamente de Cuba y del caso Padilla, sin poder ponernos de acuerdo. Por primera vez

Gabo puso honestamente sus cartas sobre la mesa, sin guardarse ninguna en la manga.

Ha pasado mucho tiempo desde entonces y yo creo comprender hoy mejor sus razones aunque no las comparta.

En aquel momento él no conocía a Castro, de modo que no mediaban en sus opiniones de entonces razones de amistad. En última instancia, pese a todo, Gabo consideraba muy positivo el balance de la revolución cubana y no le parecía mejor el de nuestros países, corroídos por la desigualdad, la miseria y el clientelismo político.

Continuaba persuadido de que esta revolución había logrado grandes conquistas en el campo de la salud y de la educación. Podían haber errores, accidentes de ruta, pero oponerse a esta experiencia era, según él, injusto.

Naturalmente que yo no compartía esta visión. Soy buen amigo de muchos exilados cubanos, mi filosofía política es liberal y no marxista como en los tiempos de mi juventud; he dejado de ser un hombre de izquierda y pienso que el delito contrarrevolucionario tan severamente castigado en Cuba equivale a un delito de opinión propio de un régimen totalitario.

Creo que el balance de la revolución cubana es catastrófico.

Mientras que Gabo, como muchos otros intelectuales de izquierda, piensa exactamente lo contrario.

Son tan opuestas nuestras ideas al respecto, que nos hemos acostumbrado a no tocar el tema, salvo para un ocasional intercambio de bromas.

Pero sabemos ambos que se puede ser buenos y viejos amigos sin compartir necesariamente las mismas ideas políticas; y si faltasen ejemplos, yo citaría el caso de un gran amigo de Gabo, también colombiano y también escritor: Alvaro Mutis.

Un hombre estupendo que tranquilamente se define como monárquico.

García Márquez no es de ninguna manera hoy en día un simpatizante ortodoxo del régimen cubano, como hay tantos otros en América Latina.

Su amistad personal con Castro le ha permitido intervenir con eficacia para obtener la libertad de un gran número de presos políticos.

Tres mil doscientos, al parecer.

Gracias a él, a Gabo, Heberto Padilla pudo salir de Cuba. Padilla lo llamó al hotel donde se alojaba, en La Habana. Lo vio. Solicitó su ayuda; la obtuvo.

No obstante,

el senador Edward Kennedy apareció en un momento dado como el inspirador de las gestiones que permitieron a Padilla viajar a Estados Unidos.

Padilla sabe perfectamente que no fue así.

También García Márquez tuvo una intervención decisiva —me consta— en la libertad de Armando Valladares, y más recientemente del escritor Norberto Fuentes.

Tengo razones para decirlo. De Roma —donde vivía en mi condición de embajador de Colombia— llamé a Gabo por teléfono pidiéndole ayuda en este último caso. Gabo obtuvo del gobierno mexicano un avión, voló a La Habana y regresó a Ciudad de México con Norberto Fuentes,

sin que a este último se le haya impuesto ninguna clase de condiciones.

Pienso a veces que si fuese posible un proceso de liberalización

del régimen cubano (cosa que sin embargo pongo en

duda), García Márquez podría jugar en ese sentido un papel importante.

De hecho, él ha facilitado encuentros y diálogos de Castro con presidentes democráticos de América Latina buscando una apertura. ¿Ilusiones suyas? ¿Pasos hacia una nueva realidad? La respuesta sólo podrá darla el futuro.

7

Aunque iluminado por su propia celebridad, el viejo amigo sigue siendo el mismo de siempre. Nos encontramos. Bebemos un café o almorzamos en alguna parte.

Avisado por su fino olfato de un piscis, siempre se las ha arreglado para aparecer en los momentos en que es bueno, para uno, tener un amigo cerca: un amigo sólido y eficaz.

«Fíjate, la barca se está hundiendo y el único que está dentro eres tú», me decía a propósito de la revista *Libre*, que en efecto estaba naufragando. Sentado aquella vez en el bar de Port Royal, con un aire preocupado, como si mis problemas fueran los

de un hermano menor o los de un hijo,

me recomendaba irme por un tiempo a Venezuela, cosa que hice, en efecto.

Cuando supo que había terminado una novela, sin que yo le hubiese pedido nada, me llamó inesperadamente por teléfono, desde Barcelona.

«Trae tu manuscrito», me dijo.

Y allí, lo veo, en la puerta de mi cuarto de hotel, muy temprano, anunciándome que abajo, en la cafetería, nos aguarda el gerente y el director de una conocida editorial «Soy el agente editorial de Plinio», les dijo.

(La versión francesa de aquel libro llevaría un cintillo

con una frase firmada por él: «La gran novela del desencanto.»)

Cuando un editor francés me propuso hacer un libro de entrevistas con García Márquez (libro que se convertiría en *El olor de la guayaba*), él aprobó de inmediato la idea:

«Eres tú quien puede hacerlo.»

Caminábamos en mañanas de invierno por el parque Luxemburgo hablando de su vida.

Cuando, un año después de nuestra separación definitiva, Marvel se casó de nuevo, Gabo y Mercedes me acompañaron a su fiesta de matrimonio. «Ánimo», me decía ella, la Gaba, tomándome del brazo y riéndose en el ascensor que nos llevaba hacia el piso donde se oían la voces y risas de la fiesta.

«No moleste a mi compadre», la reprendía Gabo, y era como si nos halláramos en los viejos tiempos de Caracas, ellos recién casados y yo todavía soltero, y nada siguiese siendo lo suficientemente serio o triste o dramático para arrebatarnos el humor.

Con ellos a mi lado entré en el salón, besé en la mejilla a mi ex mujer, que estaba muy linda con un largo traje color champaña, y estreché la mano de Jacques, su nuevo marido, a quien no conocía: «Hombre, usted se ganó el tigre de la rifa.» Más caribe que andina, la frase llevaba la marca de Gabo.

Risueños, solidarios,

allí estaban los dos, Gabo y Mercedes, mientras la fiesta se desenvolvía ligera como una seda.

Semanas atrás, Marvel me había llamado por teléfono para darme la noticia, que acababa de oír por la radio.

«Gabito ganó el Nobel.»

Estaba solo en mi apartamento. Cantaba un canario en su jaula. Algo se fundió suavemente por dentro y de pronto el cielo luminoso del mediodía de otoño, extendido sobre las chimeneas de París y la cúpula de los Inválidos, visto desde la ventana, empezó a temblar.

Me llevé sorprendido la mano a la cara. Me quité los anteojos: «Caramba, estoy llorando.»

Desde luego, estuve con el grupo de amigos que lo acompañó a Estocolmo, en diciembre de 1982, para recibir el premio.

De aquellos días fulgurantes, que se encadenan en la memoria como una fiesta continua, atrapé en un texto escrito entonces imágenes muy vivas, como toques de color en un cuadro invernal de Brueghel.

La fragmentada costa de Suecia, salpicada de pinos y abedules, bajo el ala del avión, recortándose como trozos de un rompecabezas en un resplandeciente mar de platino;

la ciudad, Estocolmo, brillante como un témpano en el aire glacial, mordida aquí y allá por el agua violeta del Báltico, con puentes y cúpulas alzándose en el crepúsculo;

niños vestidos de rojo patinando en un estanque de hielo;

pasillos de un hotel alfombrados de púrpura; una suite amplia como recámara real, sus altas ventanas mirando a la noche nórdica; finas tajadas de salmón y rodajas de limón en una bandeja: una botella de champaña enfriándose en un cubo de metal, y rosas frescas, grandes, bellas rosas amarillas,

flor de la suerte,

estallando aquí y allá sobre floreros de porcelana.

Gabo y Mercedes, en medio de la sala, plácidos, despreocupados, ajenos por completo a aquel ceremonial de coronación que se acerca, con nosotros, como si estuviésemos en Macondo, una tarde de sábado.

La suite 208 del Gran Hotel.

Esposas con peinados recientes y largos trajes rumorosos; hombres ofuscados que intentan colocarse el corbatín o los botones de la pechera de un frac alquilado por doscientas coronas en una sastrería de Estocolmo.

Las mujeres, entre risas, acaban de vestirlos.

Todos llevamos en la solapa rosas amarillas que nos ha colocado Mercedes. («Para la suerte, compadre.») De espaldas a las altas ventanas que miran en la cerrada oscuridad invernal de las tres de la tarde a un paisaje de cúpulas puentes,

nos hemos colocado todos los amigos, rodeando a Gabo, que para recibir el Nobel ha vestido de blanco liqui-liqui de algodón.

Estalla el flash del fotógrafo.

Chorros de luz nos envuelven mientras bajamos por la amplia escalera hacia el hirviente vestíbulo del hotel. Fuera, en la oscuridad de la calle, cae la nieve. Hay por todas partes flores, figuras de etiqueta que se apartan, resplandores de magnesio.

A Gabo se le contrae la cara de pronto, y yo lo oigo murmurar a mi lado, con un repentino, alarmado, condolido asombro:

«Mierda, esto es como asistir uno a su propio entierro.»

Ahora Gabo está entrando al gran escenario del teatro con una rosa amarilla en la mano, delante del Rey y de la Reina. Se sienta al lado de los otros ganadores de premios Nobel, alza la mirada hacia los palcos; sonríe al descubrir, en medio de centenares de desconocidos con trajes de etiqueta, las rosas amarillas en las solapas

que nos distinguen a sus amigos.

Más tarde

en la sala de banquetes del Ayuntamiento, vasta y solemne como una catedral, ocupamos una larga mesa, pequeño islote de colombianos en un inmenso océano de suecos.

De pronto, en lo alto de la escalera de mármol aparecen los trajes multicolores de los conjuntos de baile representa-

tivos de las distintas regiones de Colombia, enviados a Estocolmo por el presidente Belisario Betancur.

Pero antes de que oigamos vibrar los tambores de la
cumbia,

las arpas llaneras,

los tiples del altiplano,

los acordeones de los vallenateros,

veremos a los reyes descendiendo por la amplia escalera
y detrás de ellos, con su blanco liqui-liqui, del brazo de la
princesa,

Gabo.

La imagen se detiene, se congela en este instante rutilante de su gloria: allí está, en la vasta escalera de mármol, delante de aquel océano de oscuros fracs y de pecheras blancas, con las cámaras de televisión de 52 países fijas en él.

La imagen queda fija, y yo vuelvo ahora atrás, al principio, al muchacho demacrado con un vistoso traje color crema que 35 años atrás, en un café sombrío de Bogotá, sin pe-
dirnos permiso

se ha sentado a nuestra mesa.

El muchacho flaco y bohemio, con una carrera de derecho abandonada, secreto devorador de libros en pensiones
de mala muerte, pasajero de tranvías dominicales que no van
a ninguna parte, ardoroso fabricante de sueños desesperados, considerado por su padre y sus amigos

como un caso perdido.

Estoy en un restaurante de París con una amiga suya.

«Gabo tiene ahora un computador en la cabeza», me
dice ella.

«Quizás lo tuvo siempre», digo yo. Cada paso dado en
su vida, visto hoy retrospectivamente, parecía llevar el mismo propósito.

Porque en efecto siempre he admirado en él la manera como ha dado, sin ninguna red protectora abajo, saltos al vacío, cayendo siempre de pie. Admiro la manera como ha escapado a los destinos previsibles que podían fijarlo en un lugar, en una situación.

Nunca ha sido conformista.

Cada vez que accedía, tras encarnizados esfuerzos, a una posición estable y segura; cada vez que tenía al fin todo en orden,

las pantuflas,

el sillón, la máquina de escribir, los libros en sus estantes,

el agua del café hirviendo en la cocina,

acababa haciendo sus maletas, no por inestabilidad, no por la seducción del cambio, ni siquiera en busca de nuevos terrenos de observación del mundo o de la vida, sino en función (aunque ello no se presentase de modo muy claro para sus amigos)

de su oficio de escribir.

Así dejó un día Cartagena, Barranquilla, Bogotá, París, Caracas, Nueva York, Barcelona; así a veces deja a México, el lugar donde más tiempo ha residido, para regresar temporalmente a su país, en especial a Cartagena donde tiene una bellísima casa, pese a que en Colombia la situación de inseguridad lo obligue a ir acompañado siempre —como es también mi caso— por hombres armados.

Todo en su vida parece haber correspondido a una estrategia previamente diseñada. Todo lo suyo parece haber sido largamente reflexionado. Veinte años esperó para escribir *Cien años de soledad*. Diecisiete años median entre la idea de escribir *El otoño del patriarca* y el día que escribió la última línea de este libro.

No hay duda que ha sido terriblemente exigente consigo mismo: cada manuscrito ha pasado por todos los filtros, hasta quedar seguro de que no le falta ni le sobra una sola coma.

Esencialmente es un hombre del Caribe colombiano, con la dignidad, el humor, la irreverencia, el rechazo inconsciente y visceral que todo caribe tiene por los artificios, formas, solemnidad, apariencias, retóricas y protocolos de nuestros altiplanos andinos.

Del Caribe tiene también ese extraño pudor, que le impide poner palabras solemnes a los sentimientos: la muerte, el amor, el infortunio se escogen parcamente, pero la alegría se expresa sin escrúpulos,

con cumbia y aguardiente.

¿Lo había previsto todo en la vida?

La pregunta me la contestó él mismo, una noche, sin que yo se la formulara siquiera.

«Sé que estás escribiendo sobre mí», me dice.

Es muy tarde y hemos bebido. Champaña, pese a todo. Viuda Cliquot o Dom Pérignon, no lo recuerdo, en el apartamento de una muchacha que entonces apenas conocemos, por los lados de la Porte Dauphine, en París.

Ella es bonita, con esa languidez soñolienta que tienen a veces las muchachas del Caribe y que hace pensar en hamacas, en tardes de mucho calor. Se demoran tanto las pestañas en levantarse sobre unos ojos que parecen siempre velados de sueño, es tan lenta y quejumbrosa su manera de hablar,

que a veces parece boba,

sin serlo.

Bebiendo champaña, Gabo ha resultado hablándome de este retrato suyo que pienso escribir, o que estoy escribiendo, mientras la muchacha nos escucha soñolienta y la ciudad, que en aquel sector se asoma al lindero mismo del bosque de Bolonia, parece dormir en esta hora de la madrugada.

«Sé que estás escribiendo sobre mí. Sé que piensas decir que todo lo tenía previsto en la cabeza», dice Gabo, y yo paro las orejas porque a favor de la noche y de la Viuda Cliquot, sus palabras, por primera vez en mucho tiempo, traen sorprendentes jirones de un sentimiento muy íntimo, intenso.

«Pues te voy a decir una cosa —dice—, estás equivocado.»

(Levanta su copa y bebe.) Después, su voz suena todavía ronca, profunda:

«Yo no sabía, te lo juro, hasta dónde podía empujar el carro. Simplemente me levantaba cada mañana, sin saber qué iba a ser de mí, y lo empujaba. Un poco más. Siempre un poco más, sin saber si llegaba o no llegaba. Sin saber nada.»

Se incorpora con la copa en la mano, y ahora me sorprende cómo le brillan los ojos en la cara.

«¿Te acuerdas de Macomber?», me pregunta.

«¿El cuento de Hemingway?»

«Sí, el mejor cuento que se haya escrito. Un cuento cojonudo. Acuérdate, Macomber sale a matar al león. O un búfalo. Sale temblando y se lo encuentra. Temblando alza el fusil y apunta. Temblando, lo mata. Pues bien, ¿sabes una cosa? Yo soy Macomber. Mejor dicho, todos somos Macomber. Todos tenemos que cazar un león. Algunos hemos llegado a hacerlo. Pero temblando.»

Calla. Oímos a lo lejos, en la noche de París, la sirena de un auto policial. Quizás tiene razón: del miedo nacen los valientes; del fracaso, el triunfo; del infortunio, la dicha.

Recuerdo al muchacho que conocí aquella tarde, en un café de Bogotá, tantos años atrás. Sólo ahora comprendo que se imponía el valor de aproximarse a una mesa sin ser invitado, del mismo modo que Macomber avanzaba por la pista africana con un fusil en las manos.

El muchacho no tenía otra salida. Era un caso perdido que había decidido no serlo, un Macomber que había resuelto matar a su león.

Lo había matado, ahora.

Un rey, en Estocolmo, le daría el trofeo.

«Todos los días de mi vida me he despertado cagado de susto. Antes por lo que podía ocurrirme. Ahora por lo que me ha ocurrido.»

Nos sorprende a ambos la voz soñolienta de la muchacha, de la boba que no es boba,

de la que parece boba

sin serlo.

—Oye —pregunta ahogando un bostezo—, ¿quién es ese Macomber? ¿Lo conozco yo?

ESTE LIBRO HA SIDO IMPRESO
EN LOS TALLERES DE
PRINTER INDUSTRIA GRÁFICA, S. A.
CARRETERA N-II, KM. 600. CUATRO CAMINOS, S/N
SANT VICENÇ DELS HORTS (BARCELONA)